CONTEÚDO DIGITAL PARA ALUNOS
Cadastre-se e transforme seus estudos em uma experiência única de aprendizado:

1 Entre na página de cadastro:
https://sistemas.editoradobrasil.com.br/cadastro

2 Além dos seus dados pessoais e dos dados de sua escola, adicione ao cadastro o código do aluno, que garantirá a exclusividade do seu ingresso à plataforma.

1245900A1273111

3 Depois, acesse:
https://leb.editoradobrasil.com.br/
e navegue pelos conteúdos digitais de sua coleção :D

CB015100

Lembre-se de que esse código, pessoal e intransferível, é válido por um ano. Guarde-o com cuidado, pois é a única maneira de você acessar os conteúdos da plataforma.

Editora do Brasil

BRINCANDO COM OS NÚMEROS

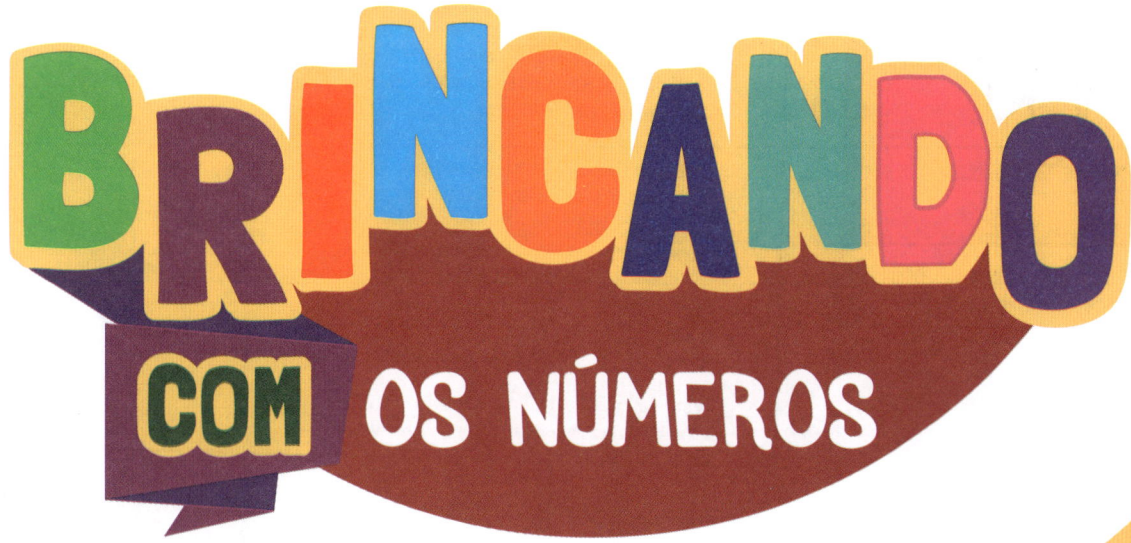

ORGANIZADORA: EDITORA DO BRASIL

3

ENSINO
FUNDAMENTAL

5ª EDIÇÃO
SÃO PAULO, 2020

Editora do Brasil

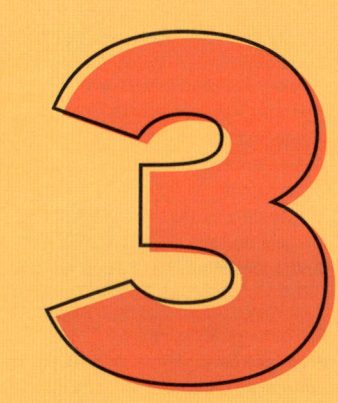

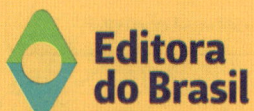

Dados Internacionais de Catalogação na Publicação (CIP)
(Câmara Brasileira do Livro, SP, Brasil)

Brincando com os números, 3 : ensino fundamental /
organização Editora do Brasil. -- 5. ed. --
São Paulo : Editora do Brasil, 2020. --
(Brincando com)

ISBN 978-85-10-08300-3 (aluno)
ISBN 978-85-10-08301-0 (professor)

1. Matemática (Ensino fundamental) I. Série.

20-37590 CDD-372.7

Índices para catálogo sistemático:

1. Matemática : Ensino fundamental   372.7
Cibele Maria Dias - Bibliotecária - CRB-8/9427

© Editora do Brasil S.A., 2020
Todos os direitos reservados

Direção-geral: Vicente Tortamano Avanso

Direção editorial: Felipe Ramos Poletti
Gerência editorial: Erika Caldin
Supervisão de arte: Andrea Melo
Supervisão de editoração: Abdonildo José de Lima Santos
Supervisão de revisão: Dora Helena Feres
Supervisão de iconografia: Léo Burgos
Supervisão de digital: Ethel Shuña Queiroz
Supervisão de controle de processos editoriais: Roseli Said
Supervisão de direitos autorais: Marilisa Bertolone Mendes

Supervisão editorial: Rodrigo Pessota
Edição: Maria Amélia de Almeida Azzellini e Katia Simões de Queiroz
Assistência editorial: Juliana Bomjardim, Viviane Ribeiro e Wagner Razvickas
Especialista em copidesque e revisão: Elaine Silva
Copidesque: Gisélia Costa, Ricardo Liberal e Sylmara Belletti
Revisão: Andréia Andrade, Amanda Cabral, Fernanda Almeida, Fernanda Sanchez, Flávia Gonçalves, Gabriel Ornelas, Jonathan Busato, Mariana Paixão, Martin Gonçalves e Rosani Andreani
Pesquisa iconográfica: Daniel Andrade
Assistência de arte: Daniel Campos Souza e Erica Bastos
Design gráfico: Cris Viana
Capa: Megalo Design
Edição de arte: Samira de Souza
Imagem de capa: Elvis Calhau
Ilustrações: Alexander Santos, Anderson Cássio, Camila Hortencio, Carlos Jorge, Claudia Marianno, Claudinei Fernandes, Danillo Souza, Denis Cristo, Desenhorama, Eduardo Belmiro, Flip Estudio, José Wilson Magalhães, Kau Bispo, Lilian Gonzaga, Mario Pita, Marco Cortez, Ronaldo César e Saulo Nunes Marques
Produção cartográfica: DAE (Departamento de Arte e Editoração)
Editoração eletrônica: Adriana Tami Takayama, Armando F. Tomiyoshi, Bruna Pereira de Souza, Elbert Stein, Mario Junior, Viviane Yonamine e Wlamir Miasiro
Licenciamentos de textos: Cinthya Utiyama, Jennifer Xavier, Paula Harue Tozaki e Renata Garbellini
Controle de processos editoriais: Bruna Alves, Carlos Nunes, Rita Poliane, Terezinha de Fátima Oliveira e Valéria Alves

5ª edição / 5ª impressão, 2024
Impresso no parque gráfico da PifferPrint

Avenida das Nações Unidas, 12901
Torre Oeste, 20º andar
São Paulo, SP – CEP: 04578-910
Fone: +55 11 3226-0211
www.editoradobrasil.com.br

APRESENTAÇÃO

Querido aluno,

Este livro foi escrito especialmente para você, pensando em seu aprendizado e nas muitas conquistas que virão no futuro!

Ele será um grande apoio na busca do conhecimento. Utilize-o para aprender cada vez mais na companhia de professores, colegas e de outras pessoas de sua convivência.

A matemática oferece muito para você. Com ela, você explora o mundo, percebe o espaço a sua volta, conhece formas e cores, e ainda resolve problemas. Uma infinidade de conhecimentos está por vir e queremos guiá-lo passo a passo nessa jornada!

Com carinho,
Editora do Brasil

SUMÁRIO

VAMOS BRINCAR **7**

UNIDADE 1 – Números **15**
   A necessidade de contagem 15
   Antigos sistemas de numeração 16
   Algarismos indo-arábicos 20
   Sucessor e antecessor 21
   Ordem crescente e ordem decrescente 26
   Números pares e números ímpares 31
   Números ordinais 33
   Pequeno cidadão – Vamos economizar? 36

UNIDADE 2 – Numeração decimal **37**
   Dezena 38
   Centena 44

UNIDADE 3 – Adição **51**
   Adição com reserva 57
   Propriedade da adição 60

UNIDADE 4 – Subtração **67**
   Verificação da subtração 69
   Subtração com recurso 74

UNIDADE 5 – Multiplicação **83**
   Multiplicação com mais de um algarismo no multiplicando 92
   Multiplicação com três fatores 95
   Multiplicação com reserva 97
   Multiplicação com dois algarismos no multiplicador 101
   Multiplicação por 10 e por 100 103
   Dobro 105
   Triplo 109
   Dúzia 112

UNIDADE 6 – Divisão **115**
   Divisão exata 116
   Divisão não exata 119
   Ideias da divisão 121
     Quantas vezes cabem? 121
   Divisão de dezenas com um algarismo no divisor 123
   Divisão de centenas com um algarismo no divisor 128
   Verificação da divisão 132

UNIDADE 7 – Sistema monetário **139**
   Valor do termo desconhecido 139
   A moeda brasileira 144
   Adição e subtração com dinheiro 148
   Pequeno cidadão – Necessidade ou desejo? 150

UNIDADE 8 – Números fracionários **151**
   História das frações 152
   Metade ou meio 153
   Um terço ou terça parte 157
   Um quarto ou quarta parte 160
   Um quinto ou quinta parte 164
   Um décimo ou décima parte 165

UNIDADE 9 – Milhar **167**
   Operações com números maiores que 1 000 171

UNIDADE 10 – Medida de tempo **175**
   Horas e minutos 175
   Dias da semana e meses do ano 182

UNIDADE 11 – Medida de comprimento **187**

UNIDADE 12 – Medida de capacidade **195**
- Pequeno cidadão – Como economizar água e dinheiro 200

UNIDADE 13 – Medida de massa **201**

UNIDADE 14 – Geometria **209**
- Linhas abertas e linhas fechadas 209
- Ponto e reta 212
- Deslocamentos 215
- Polígonos 218
- Circunferência e círculo 221
- Simetria 223
- Congruência de figuras 225
- Sólidos geométricos 227

UNIDADE 15 – Probabilidade e estatística **231**
- Provável ou improvável 231
- Registro de informações em tabelas e gráficos 234

Brinque mais **238**

Encartes **243**

1 Utilizamos matemática em diversas situações do dia a dia. Pensando nisso, desenhe **uma** situação em que você usa matemática na sua rotina.

Agora, escreva se você acha importante aprender matemática e explique por quê.

_____
_____
_____

2 Cole imagens de objetos que lembram os sólidos abaixo.

cubo

esfera

bloco retangular

cilindro

cone

3 Leia as dicas e ligue-as ao número correspondente.

Sou maior que 6 e menor que 8.	20
Venho antes do número 100.	28
Estou entre 19 e 21.	10
Sou resultado da adição 10 + 4.	7
Venho depois do número 27.	12
Também sou conhecido como uma dúzia.	27
Sou resultado da subtração 29 − 2.	14
Sou o menor número representado por dois algarismos.	99

Agora, escreva cada número por extenso. Observe o modelo.

7 __sete__

99 _____

20 _____

14 _____

28 _____

12 _____

10 _____

27 _____

4 Os alunos do 2º ano criaram o jogo "trilha da floresta".

a) Ajude-os preenchendo o tabuleiro com os números de 1 a 50.

b) Com um dado e bolinhas de papel de cores diferentes, junte-se a um colega e vejam quem chega primeiro ao número 50.

c) Depois de jogar, crie sua própria trilha com os números de 51 a 100 e dê um nome a ela.

5 Pense nas atividades que você faz de segunda a sexta-feira. Desenhe e descreva uma delas em cada período do dia.

Manhã　　　　　　　Tarde　　　　　　　Noite

_____　_____　_____
_____　_____　_____
_____　_____　_____

Utilize os dois quadrinhos a seguir para desenhar e descrever sua atividade preferida no final de semana.

　　　　Sábado　　　　　　　　Domingo

_____　　　_____
_____　　　_____
_____　　　_____

6 Observe as características de alguns alunos que fazem parte da equipe de judô da escola.

Nome: Gabriel
Idade: 11 anos
Peso: 35 quilos
Altura: 1 metro e 36 centímetros

Nome: João Vítor
Idade: 9 anos
Peso: 30 quilos
Altura: 1 metro e 32 centímetros

Nome: Eduarda
Idade: 10 anos
Peso: 32 quilos
Altura: 1 metro e 38 centímetros

Responda:

a) Entre os três, quem é o aluno mais alto? _____

b) E quem é o mais pesado? _____

c) Quem é o mais novo? _____

d) Quem é o mais baixo? _____

7 Observe o valor das notas de dinheiro que cada criança ganhou para o lanche da semana e anote o total.

Bia   Caio   Mari

_____ reais   _____ reais   _____ reais

8 Observe a legenda e pinte o desenho a seguir com as cores correspondentes.

Agora, complete o gráfico da quantidade de cada figura.

Que figura aparece em maior quantidade no desenho que você pintou? _____

UNIDADE 1

NÚMEROS

A necessidade de contagem

A necessidade de contar objetos levou à correspondência um a um. Você sabe o que é isso?

As pessoas também usavam outras maneiras para fazer correspondências: faziam marcas em ossos ou nas paredes das cavernas, davam nós em uma corda ou comparavam com os próprios dedos das mãos.

Maria, como podemos saber quantas ovelhas temos no rebanho?

José, e se separássemos uma pedra para cada ovelha?

Assim podemos conferir se as ovelhas que saíram para pastar voltaram no fim do dia.

Ótima ideia, Maria! Vou colocar aqui uma pedrinha para cada ovelha.

Maria, temos mais ovelhas do que pedras hoje!

Veja, José, nasceram filhotes essa noite. Coloque mais pedrinhas!

Ilustrações: Claudia Marianno

Antigos sistemas de numeração

Com o passar do tempo, o ser humano criou vários sistemas de numeração. Um deles foi inventado pelos antigos egípcios, povo que vivia na África. Eles faziam desenhos, chamados de símbolos, para representar quantidades. Observe alguns destes símbolos:

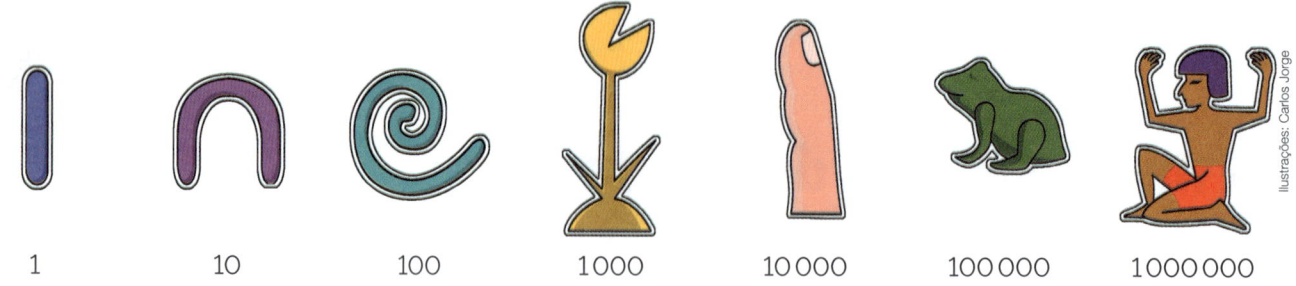

1
10
100
1000
10 000
100 000
1 000 000

Ilustrações: Carlos Jorge

Os antigos romanos escolheram algumas letras do alfabeto deles e atribuíram um valor a cada uma. Com apenas sete letras e algumas regras escreviam qualquer quantidade.

Observe no quadro ao lado a correspondência entre a letra e a quantidade que ela representa.

I V X L C D M
1 5 10 50 100 500 1000

Ronaldo César

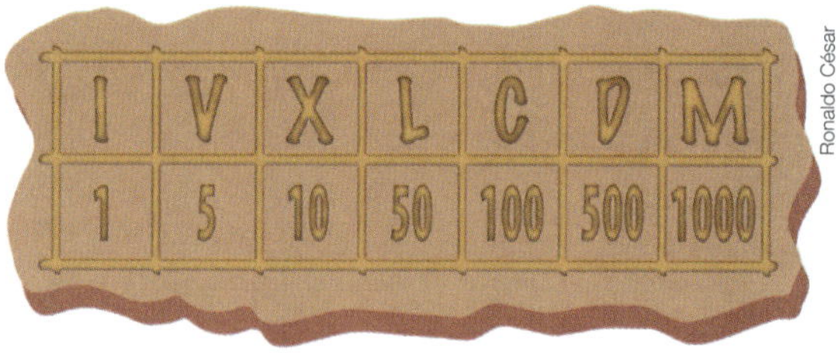

Atualmente, esses símbolos (números romanos) são usados para:

- indicar as horas em relógios;
- indicar séculos;
- designar reis e papas;
- numerar capítulos de livros, entre outras situações.

Veja a seguir a representação de alguns números romanos.

1	I	**7**	VII	**13**	XIII	**19**	XIX	**25**	XXV
2	II	**8**	VIII	**14**	XIV	**20**	XX	**26**	XXVI
3	III	**9**	IX	**15**	XV	**21**	XXI	**27**	XXVII
4	IV	**10**	X	**16**	XVI	**22**	XXII	**28**	XXVIII
5	V	**11**	XI	**17**	XVII	**23**	XXIII	**29**	XXIX
6	VI	**12**	XII	**18**	XVIII	**24**	XXIV	**30**	XXX

O sistema de numeração romano tem algumas regras.

As letras **I**, **X** e **C** podem ser repetidas **até três vezes**.

I = 1
II = 2
III = 3

X = 10
XX = 20
XXX = 30

C = 100
CC = 200
CCC = 300

Quando a letra **I** estiver à direita das letras **V** ou **X**; a letra **X** à direita das letras **L** ou **C**; ou a letra **C** à direita das letras **D** ou **M**, o valor é igual à **soma dos valores dessas letras**.

VI = 6 (5 + 1)
XI = 11 (10 + 1)
LX = 60 (50 + 10)

CX = 110 (100 + 10)
DC = 600 (500 + 100)
MC = 1 100 (1000 + 100)

Quando a letra **I** estiver à esquerda das letras **V** ou **X**; a letra **X** à esquerda das letras **L** ou **C**; ou a letra **C** à esquerda das letras **D** ou **M**, ocorre a **subtração da letra de maior valor pela letra de menor valor**.

IV = 4 (5 − 1)
IX = 9 (10 − 1)
XL = 40 (50 − 10)

XC = 90 (100 − 10)
CD = 400 (500 − 100)
CM = 900 (1 000 − 100)

No sistema de numeração romano **não há símbolo para representar o zero**.

ATIVIDADES

1 Usando números romanos, escreva quantos nós há em cada corda.

a)

b)

c)

d)

Ilustrações: Claudia Marianno

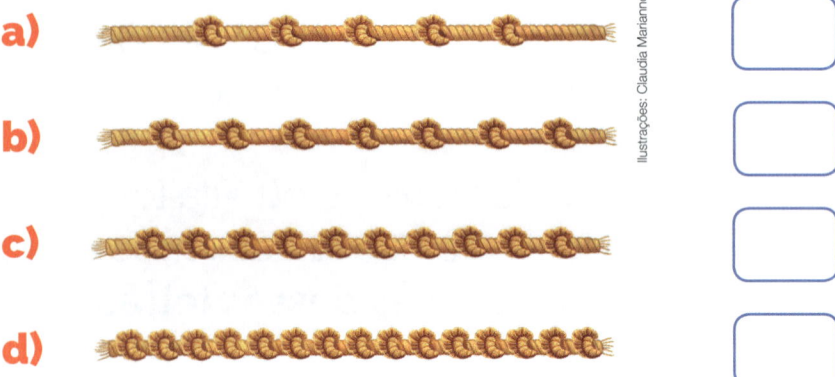

2 Observe o exemplo e escreva os números romanos por extenso.

XII → doze

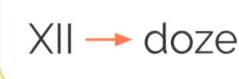

a) XLIII → ______

b) XCV → ______

c) LXXIX → ______

3 Escreva em número romano o número que cada pessoa está falando.

a)

______

b)

______

Ilustrações: Claudia Marianno

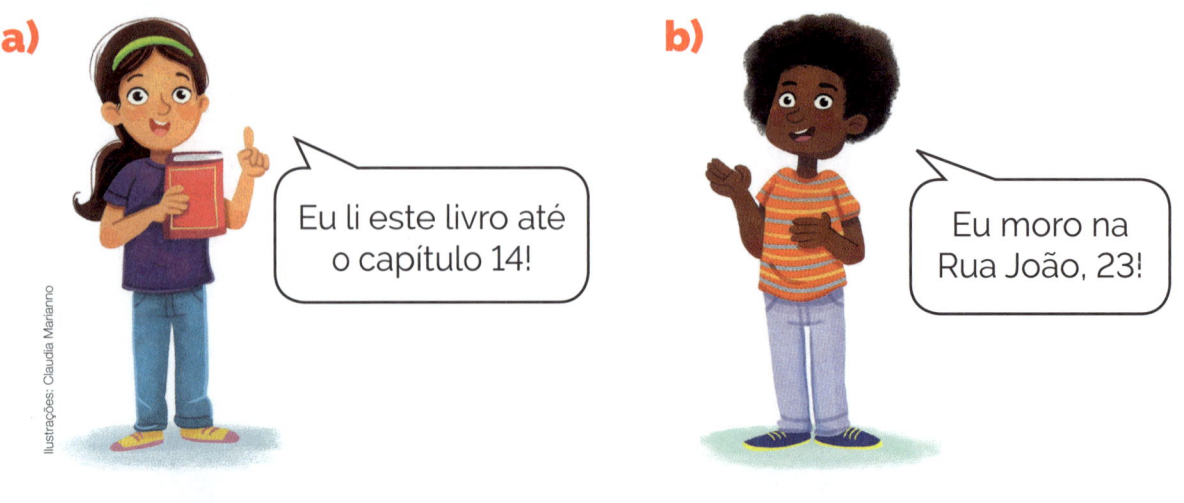

BRINCANDO

1 Vamos formar números com os símbolos romanos?

1. Reúna-se com três ou quatro colegas e forme um grupo.
2. Cada grupo deve preparar cartas e escrever nelas símbolos romanos, como no modelo a seguir.

3. A cada rodada o professor dirá um número; cada grupo deve formar esse número com as cartas em até 10 segundos.
4. Ao comando do professor, todos os integrantes do grupo devem levantar as mãos e parar de manusear as cartas.
5. Em seguida, o professor vai conferir se vocês formaram o número corretamente.
6. Vence o grupo que ganhar o maior número de rodadas.

Algarismos indo-arábicos

Nosso atual sistema de numeração utiliza dez símbolos chamados algarismos indo-arábicos, pois foram criados pelos indianos e levados pelos árabes para outras regiões.

0　1　2　3　4　5　6　7　8　9

Atualmente usamos esses números em muitas situações, veja:

Para identificar jogadores em partidas de futebol.

Para identificar o valor das cédulas de dinheiro.

Para fazer ligações em celulares.

Para indicar a quantidade de produto nas embalagens.

Sucessor e antecessor

Sucessor de um número é o que vem imediatamente depois dele, isto é, soma-se uma unidade a ele. Veja:

| 1 | 2 | 3 |

- O sucessor de 1 é 2.
- O sucessor de 2 é 3.

Usamos esse conceito para contar a quantidade de pessoas, objetos etc. Por exemplo, ao contar a quantidade de aparelhos de som na prateleira, sempre somamos uma unidade.

Já o antecessor de um número é o que vem imediatamente antes dele.

| 4 | 5 | 6 |

- O antecessor de 6 é 5.
- O antecessor de 5 é 4.

Um exemplo de uso desse conceito é quando fazemos uma contagem regressiva: tiramos uma unidade do número anterior.

1 Conte as peças do Material Dourado, escreva o número correspondente e complete o quadro com o antecessor e o sucessor desse número. Veja o modelo.

Antecessor	Total		Sucessor
14	15		16

2 Escreva por extenso o antecessor e o sucessor de cada número a seguir. Observe o modelo.

oitenta e três	84	oitenta e cinco
	70	
	22	
	99	

3 Marque com um **X** o antecessor de cada número.

a) 17 → 16 18 20

b) 38 → 39 28 37

c) 60 → 61 59 70

d) 100 → 101 10 99

4 Descubra os números que estão escondidos na caixa mágica e, depois, localize-os no diagrama de palavras.

- Sou maior que 20 e menor que 22.
- Fico entre 39 e 41.
- Estou entre 99 e 101.
- Sou maior que 57 e menor que 59.

A	S	B	L	C	N	U	R	I	K	A	C
O	B	E	T	E	I	F	D	E	M	Ç	I
E	C	L	J	M	U	V	K	U	K	E	N
D	T	A	R	V	E	R	C	A	J	R	Q
E	O	B	E	S	N	I	Ç	I	E	E	U
J	V	I	N	T	E	E	U	M	U	B	E
L	S	B	L	V	F	I	J	P	K	L	N
H	F	L	U	Y	W	D	K	T	L	I	T
J	E	S	E	C	K	B	F	N	C	X	A
F	G	R	G	A	B	V	S	R	S	C	E
C	I	S	T	M	S	L	T	L	N	S	O
S	R	H	K	M	E	A	F	S	F	A	I
T	G	Q	U	A	R	E	N	T	A	H	T
S	F	J	T	D	K	I	P	O	Y	R	O

5 Escreva um número e peça a um colega que descubra o antecessor e o sucessor desse número, enquanto você faz o mesmo com o número escolhido por ele.

6 Contorne o sucessor de cada número.

a) 20 → 19 21 30

b) 80 → 81 79 70

c) 102 → 100 101 103

d) 10 → 9 100 11

7 Observe a sequência.

5, 10, 15, 20, 25...

Nessa sequência, os números aumentam de 5 em 5; logo, essa é a **regra de formação** da sequência.

Agora, observe as sequências e descubra qual é a regra de formação de cada uma.

a) 0 4 8 12 16

b) 0 10 20 30 40 50

c) 0 7 14 21 28

8 Complete a sequência abaixo com os números de 2 em 2.

0	2	4								
24							40			
					60					70
					82					94

9 Observe o exemplo a seguir, descubra o segredo e complete as sequências.

> 3, 6, 9, 12, 15, 18, 21

a) 4, 8, _____, _____, _____, 24

b) 14, 12, _____, _____, _____, 4, _____

c) 35, _____, 45, 50, _____, _____

10 Escreva uma sequência de três números e entregue a um colega. Ele deve completá-la com mais dois números enquanto você completa a sequência dele.

11 Complete as frases.

a) O maior número representado por dois algarismos é _____.

b) O menor número representado por três algarismo é _____.

c) O número _____ é sucessor de 517.

d) O número 219 é antecessor de _____.

12 Escreva a sua idade e depois complete os quadros com o antecessor e o sucessor do número registrado. _____

Ordem crescente e ordem decrescente

Estes são os novos alunos de natação da escola Glub-Glub:

O professor Fernando organizou os alunos por altura, do menor para o maior.

Da esquerda para a direita, eles estão enfileirados em **ordem crescente** de altura.

Agora, observe as tigelas que dona Vera vai guardar no armário.

As tigelas foram organizadas em uma pilha, da maior para a menor.

De baixo para cima, elas estão em **ordem decrescente** de tamanho.

Observe os números:

1 2 3 4 5

Na leitura da esquerda para a direita, eles estão organizados do **menor para o maior**, ou seja, em **ordem crescente de quantidade**. Também podemos organizar esses números assim:

5 4 3 2 1

Na leitura da esquerda para a direita, eles estão organizados do **maior para o menor**, ou seja, em **ordem decrescente de quantidade**.

Na Matemática, há símbolos que substituem as palavras. Por exemplo, quando queremos dizer que um número é **menor que** outro, usamos o símbolo < entre eles.

Então, para representar a frase "dois é menor que quatro", escrevemos:

$$2 < 4.$$

Assim, podemos representar a ordem crescente dos números de 1 a 5 desta maneira:

$$1 < 2 < 3 < 4 < 5$$

Quando um número é **maior que** outro, usamos o símbolo > entre eles.

Então, para representar a frase "três é maior que dois", escrevemos:

$$3 > 2.$$

Observe os números de 1 a 7 em ordem decrescente:

$$7 > 6 > 5 > 4 > 3 > 2 > 1$$

Além de organizar os números em ordem crescente ou decrescente, também podemos compará-los usando os símbolos de < e >.

Na reta numérica, marcamos pontos para representar os números naturais. Veja:

Os números estão organizados em ordem crescente.

1 Observe os números a seguir:

| 13 | 24 | 2 | 6 | 42 | 31 | 26 | 15 |

Utilizando os símbolos < (menor que) ou > (maior que), escreva esses números:

a) em **ordem crescente**;

_____

b) em **ordem decrescente**.

_____

2 Começando com 0 (zero), escreva os números até 100, de 10 em 10, em **ordem crescente**.

_____

_____

3 Complete o quadro escrevendo os números em **ordem crescente**, de 3 em 3.

3	6						24
						45	
			60				72

4 Complete este outro quadro em ordem **decrescente**, de 2 em 2.

70							56
54						42	
				30			
22							8

5 Resolva as adições. Compare os resultados e complete com o símbolo < ou >.

Exemplo:

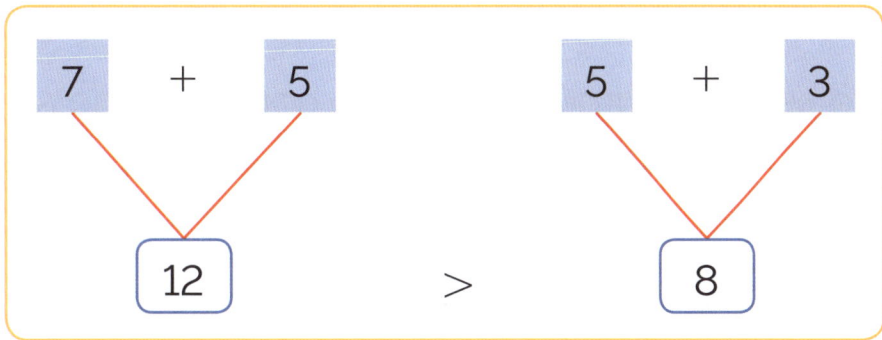

a)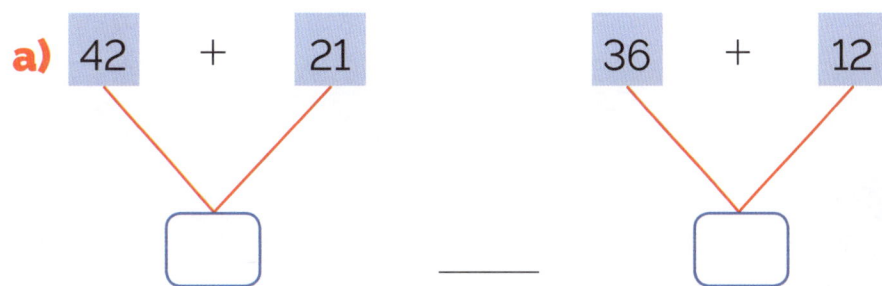

b)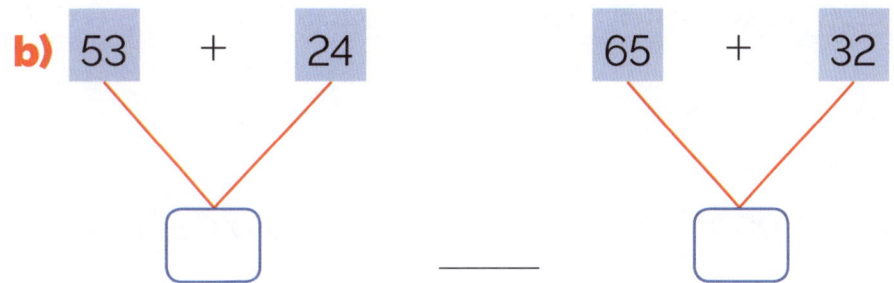

6 Maurício escreveu os números a seguir:

| 26 | 42 | 0 | 12 | 103 | 18 | 6 | 55 |

Organize-os nas escadas:

a) em ordem crescente;

b) em ordem decrescente.

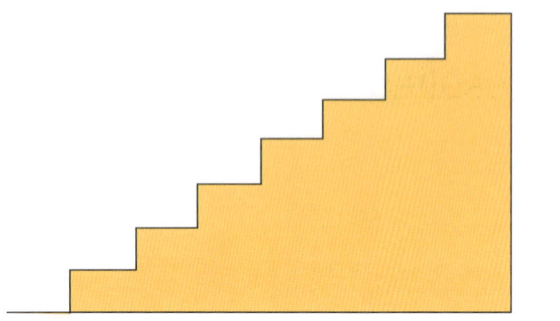
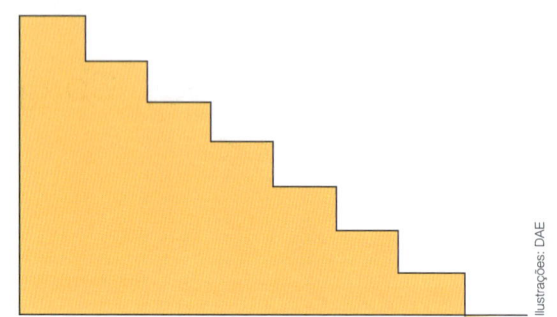

7 Complete as retas numéricas dando continuidade às sequências.

a)

b)

c)

⚠ SAIBA MAIS

Os símbolos < e >, usados entre dois números para representar se um deles é maior ou menor que o outro, podem ser mais bem compreendidos se lembrarmos da dica dos números 4 e 7:

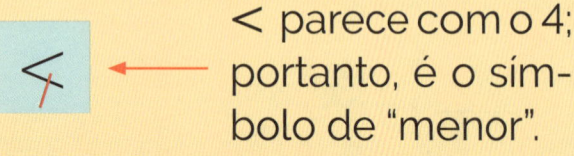

< parece com o 4; portanto, é o símbolo de "menor".

> parece com 7; portanto, é o símbolo de "maior".

Números pares e números ímpares

Os números que usamos para contar podem ser separados em dois grupos, denominados **pares** e **ímpares**.

> O número que dividido por 2 não deixa resto é chamado de **número par**.

Exemplo:

```
  8 | 2
- 8   4
resto → 0
```

Os números pares terminam em: **0, 2, 4, 6 ou 8**

Conhecendo os números pares, é muito fácil descobrir os números ímpares. Como os números são divididos somente em dois grupos, o que não pertence a um grupo pertence ao outro.

Os números ímpares, portanto, terminam em: **1, 3, 5, 7 ou 9**

> O número que dividido por 2 deixa resto é chamado de **número ímpar**.

Exemplo:

```
  3 | 2
- 2   1
resto → 1
```

ATIVIDADES

1 Complete as frases com números e informe se são pares ou ímpares.

a) Eu tenho _____ anos de idade. Esse número é _____.

b) O meu número na lista de chamada é _____. Esse número é _____.

c) Eu nasci no dia _____. Esse número é _____.

2 Contorne os objetos a seguir aos pares.

Escreva quantos pares você formou e quantos objetos sobraram.

Objetos	Pares	Sobraram
👟		
🎀		

Objetos	Pares	Sobraram
🌷		
☕		

3 Observe os números a seguir.

| 15 | 92 | 23 | 36 | 12 | 17 | 82 | 11 | 38 | 46 | 98 | 72 |

Assinale um quadrinho para cada número.

- Par:

| | | | | | | | | | |

- Ímpar:

| | | | | | | | | | |

Entre os números apresentados, aparecem mais números pares ou ímpares?

_____

Números ordinais

> Os **números ordinais** são empregados para indicar ordem, classificação, lugar ou posição.

Na maratona da cidade, Eduardo ficou em primeiro lugar; Roberto, em segundo lugar; e Nivaldo, em terceiro lugar.

Veja no quadro a representação dos números ordinais até 30.

1º	primeiro	11º	décimo primeiro	21º	vigésimo primeiro
2º	segundo	12º	décimo segundo	22º	vigésimo segundo
3º	terceiro	13º	décimo terceiro	23º	vigésimo terceiro
4º	quarto	14º	décimo quarto	24º	vigésimo quarto
5º	quinto	15º	décimo quinto	25º	vigésimo quinto
6º	sexto	16º	décimo sexto	26º	vigésimo sexto
7º	sétimo	17º	décimo sétimo	27º	vigésimo sétimo
8º	oitavo	18º	décimo oitavo	28º	vigésimo oitavo
9º	nono	19º	décimo nono	29º	vigésimo nono
10º	décimo	20º	vigésimo	30º	trigésimo

1 Leia as dicas a seguir e faça o que se pede.

- Marina mora na quarta casa, da esquerda para a direita, na Vila dos Marinheiros. Pinte a casa dela de azul.
- A avó de Juliana mora na primeira casa da esquerda para a direita.
- Artur vai construir uma casa, será a sexta casa dessa vila. Desenhe a casa dele.

Agora, pinte as casas que ainda estão em branco usando apenas uma cor para cada.

2 Escreva por extenso os seguintes ordinais:

a) 17º

c) 30º

b) 22º

d) 5º

3 Observe o prédio ao lado. A porta de entrada está localizada no andar térreo, e o prédio tem apartamentos do 1º ao 10º andar. Sabendo disso, pinte as janelas conforme a legenda.

🟢 3º andar.

🟡 8º andar.

🔵 5º andar.

PROBLEMAS

A cada problema a seguir, escreva o número ordinal com algarismos e por extenso.

1 Eu estava em vigésimo sétimo lugar em uma fila. Atrás de mim havia ainda duas pessoas. Em que lugar estava a última pessoa da fila?

_____

2 Luiz participou de uma corrida com mais 4 pessoas. Sabendo que ele não chegou em segundo nem em último lugar, em quais posições ele pode ter terminado a corrida?

_____

3 Luan chegou para uma consulta médica e a recepcionista o informou que havia sete pessoas para serem atendidas antes dele. Qual é o número ordinal que corresponde à posição do atendimento de Luan?

_____

4 Murilo é o décimo segundo neto da vovó Laurinha. Depois dele, nasceram mais 3 netos, sendo que João é o neto mais novo. Qual número ordinal corresponde à posição de João em relação aos outros netos?

_____

PEQUENO CIDADÃO

Vamos economizar?

Você já ouviu a palavra "economizar"?

Economizar significa "não desperdiçar" ou "poupar". Podemos economizar muitas coisas, mas hoje vamos falar sobre poupar dinheiro.

Uma maneira de economizar é guardar dinheiro. Os adultos costumam guardar o dinheiro em um banco, mas você pode começar a economizar desde já usando um cofrinho.

Pense como seria legal comprar algo que você quer usando o dinheiro que guardou em um cofrinho!

Escolha um objeto que você queira comprar, pesquise o preço dele e, com a permissão de um adulto, deposite no cofrinho as moedas que você receber de troco na cantina, na padaria, no mercado etc. até juntar a quantia necessária para sua compra.

Depois de ler o texto, resolva as situações a seguir.

1. Romeu quer comprar um boné que custa 15 reais. Todos os dias, ele deposita uma moeda de 1 real em seu cofrinho. Depois de quantos dias economizando Romeu conseguirá comprar o boné?

_____

2. Juliana depositou 3 reais em seu cofrinho durante 8 dias. Quanto ela conseguiu juntar ao todo?

_____

UNIDADE 2
NUMERAÇÃO DECIMAL

No Brasil e em vários países do mundo, ao fazer uma contagem, utilizamos o **sistema de numeração decimal**, cuja principal característica é **formar grupos de dez**.

Provavelmente, o hábito do ser humano de formar grupos de dez foi determinado pela quantidade de dedos de nossas mãos.

Na história do desenvolvimento da contagem, além das pedrinhas usadas para controlar a quantidade de ovelhas, como você viu na Unidade 1, também foram usados os dedos para fazer a correspondência: um dedo para cada coisa que estava sendo contada. Foi assim que nos habituamos a formar grupos de dez, hoje conhecidos como dezenas.

Temos dez ovelhas!

Temos também dez dedos nas mãos!

Dezena

Utilizamos a denominação **dezena** para indicar um agrupamento de 10 unidades. Por exemplo, com 10 cubinhos do Material Dourado, formamos uma dezena de cubinhos, que pode ser representada por uma barra.

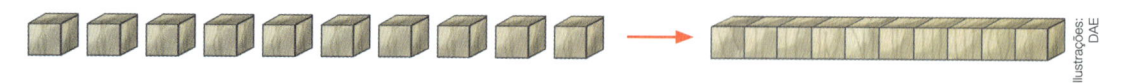

O número **10** é formado por dois algarismos e cada algarismo representa uma ordem.

2ª ordem	1ª ordem
Dezenas	**Unidades**
1 barra = 1 dezena	10 cubinhos = 10 unidades

A primeira ordem é a das **unidades**.

A segunda ordem é a das **dezenas**.

Os números são representados no quadro de acordo com as ordens. Por exemplo, o número quinze é representado pelos algarismos 1 e 5, que indicam que ele é formado por **1 dezena e 5 unidades**.

Veja a representação do número **15** no quadro de ordens:

Dezenas	**Unidades**
1	5

1 dezena e 5 unidades
10 + 5 = 15

ATIVIDADES

1 A coluna das dezenas é indicada pela letra **D**, e a coluna das unidades, pela letra **U**. Represente cada número a seguir no quadro de ordens. Veja o exemplo:

8 dezenas e 6 unidades → | D | U |
                          |---|---|
                          | 8 | 6 |

a) 4 dezenas e 2 unidades

b) 3 dezenas e 1 unidade

c) 6 dezenas e 8 unidades

d) 1 dezena e 0 unidade

2 Forme grupos de 10 e registre no quadro de ordens o resultado da contagem. Veja o exemplo:

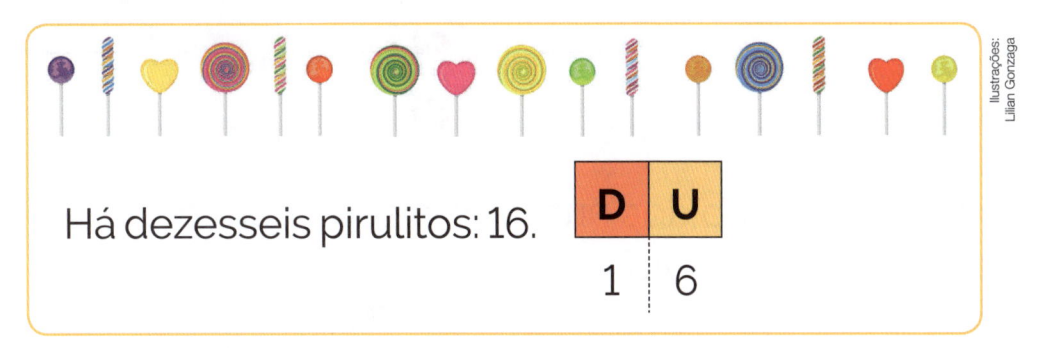

Há dezesseis pirulitos: 16. | D | U |
                             |---|---|
                             | 1 | 6 |

Há _____ bolas de gude: _____.

3) Conte as flores, registre o resultado no quadro de ordens e complete a frase.

a)

D	U

Há _____ dezenas mais _____ unidades de flores.

b)

D	U

Há _____ dezenas mais _____ unidade de flores.

c)

D	U

Há _____ dezenas mais _____ unidade de flores.

d)

D	U

Há _____ dezenas mais _____ unidade de flores.

Agora, escreva por extenso o resultado da contagem de flores de cada item.

a) _____   c) _____

b) _____   d) _____

4) Faça a decomposição dos números a seguir em dezenas e unidades, conforme o exemplo.

37 ⟶ Três dezenas e sete unidades

a) 84 ⟶ _____

b) 12 ⟶ _____

5 Conte os cubinhos e as barras de cada item e complete o quadro de ordens.

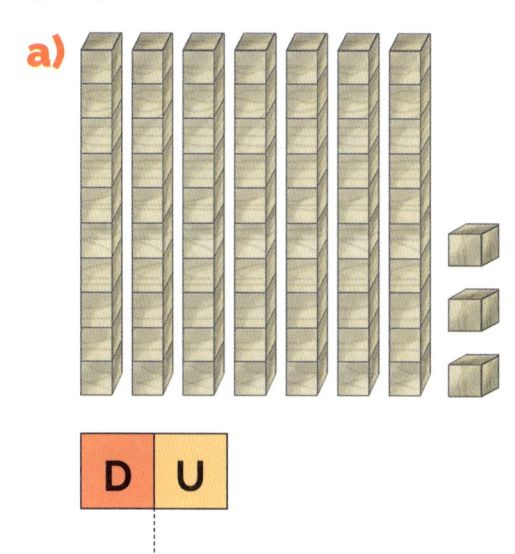

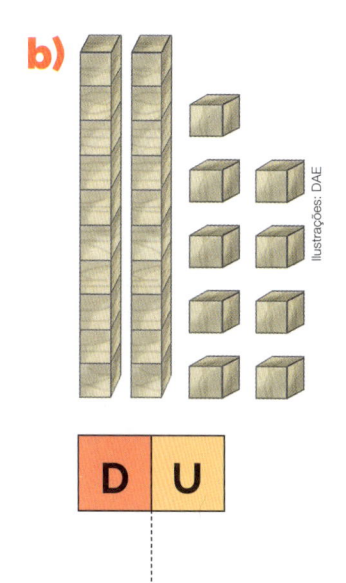

a)

D	U

Há _____ dezenas e _____ unidades.

b)

D	U

Há _____ dezenas mais _____ unidades.

6 Escreva o número a seguir. Observe o exemplo.

3 dezenas e 8 unidades ⟶ 38 ⟶ trinta e oito

- 5 dezenas e 3 unidades ⟶ _____
- 9 dezenas e 9 unidades ⟶ _____

7 Represente os números por meio de uma adição de dezenas e unidades. Veja o exemplo.

56 = 50 + 6

a) 92 = _____
b) 22 = _____
c) 47 = _____
d) 35 = _____
e) 81 = _____
f) 68 = _____

8 Utilizando o Material Dourado da **página 243**, represente os números. Depois, desenhe as peças do Material Dourado correspondentes a cada número.

a) 23

c) 45

b) 68

d) 76

9 Complete as sequências e escreva a regra de cada uma delas.

a) 5, 10, _____, _____, _____, _____, _____, _____, 45.

_____

b) 90, 80, _____, _____, _____, _____, _____, _____, 10.

_____

10 Invente um símbolo para representar uma dezena e outro para representar uma unidade. Use-os para representar o número 63.

PROBLEMAS

1 Quitéria encomendou sete dezenas de salgados para uma festa. Quantos salgados ela encomendou?

_____

2 Seu Duarte convidou duas dezenas de amigos, 5 funcionários e uma dezena de familiares para um jantar em sua casa. Quantas pessoas seu Duarte convidou no total?

_____

3 Ricardo é motorista de ônibus. Hoje ele transportou 5 dezenas de pessoas na parte da manhã e 3 dezenas na parte da tarde. Quantas pessoas ele transportou no total?

_____

4 Compareceram 63 pessoas a um espetáculo de teatro. Quantas dezenas de pessoas compareceram?

_____

Centena

Na barraca de Ulisses, os pêssegos são vendidos em caixas com 10 unidades cada uma. Como ainda havia pêssegos soltos, Ulisses precisou organizá-los em caixas. Ele aproveitou, então, para contar o total de pêssegos.

No final da contagem, ele tinha 10 caixas: cada uma com 10 pêssegos, ou seja, 1 **centena** de pêssegos.

100 unidades = 10 dezenas = 1 centena

A **centena** é formada por **100 unidades**. O número 100 é composto de 3 algarismos, e cada algarismo representa uma ordem.

A centena é a terceira ordem. A cada três ordens, temos uma **classe**; então, com a centena, formamos a **classe das unidades simples**.

Veja a representação da classe das unidades simples no quadro a seguir.

3ª ordem	2ª ordem	1ª ordem
Centenas	**Dezenas**	**Unidades**
1 placa = 1 centena	10 barras = 10 dezenas	100 cubinhos = 100 unidades

Ilustrações: DAE

> ! **SAIBA MAIS**

A história do Material Dourado

O Material Dourado foi criado pela médica e educadora italiana Maria Montessori, e era originalmente composto de pequenas bolinhas, chamadas "contas". Mais tarde, ele foi modificado e feito com madeira, na forma que encontramos até hoje.

Esse material foi desenvolvido com o objetivo de facilitar a compreensão das trocas que acontecem no Sistema de Numeração Decimal. Isso ocorre porque, no Material Dourado, um cubinho representa uma unidade, e a barra, que é formada por 10 cubinhos, equivale a uma dezena. Já a placa, formada por 10 barras, corresponde a uma centena.

ATIVIDADES

1 Faça como no exemplo.

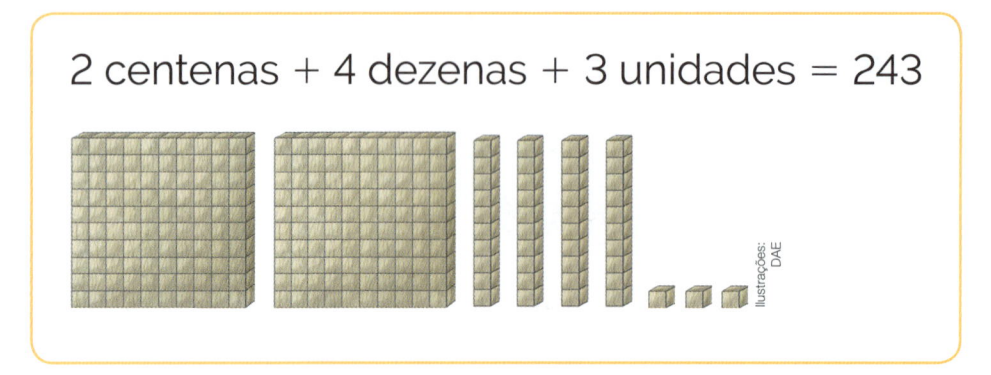

2 centenas + 4 dezenas + 3 unidades = 243

a) 5 centenas + 8 dezenas + 9 unidades = _____

b) 1 centena + 7 dezenas + 0 unidade = _____

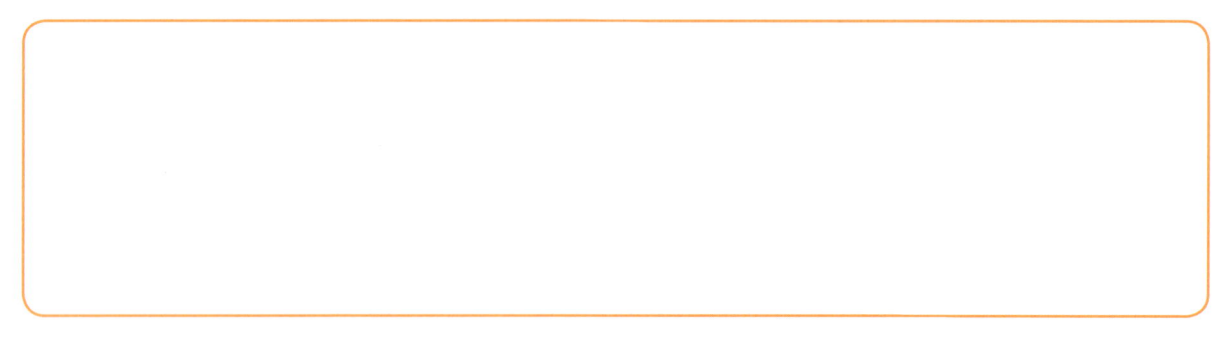

c) 6 centenas + 0 dezena + 3 unidades = _____

2 Decomponha os números conforme o exemplo.

$$926 = 900 + 20 + 6$$

a) 287 = _____

c) 983 = _____

b) 356 = _____

d) 549 = _____

3 Pinte:

a) o avião que tem 3 na casa das dezenas e 0 na casa das unidades;

b) o avião que tem 9 na casa das dezenas e 1 na casa das unidades;

c) o avião que tem 4 na casa das centenas e 5 na casa das unidades.

501   391   405

828   230   115

4 Siga o modelo.

1 centena, ou 100 unidades, ou cem

a) 2 centenas, ou _____

b) 3 centenas, ou _____

c) 4 centenas, ou _____

d) 5 centenas, ou _____

e) 6 centenas, ou _____

f) 7 centenas, ou _____

g) 8 centenas, ou _____

h) 9 centenas, ou _____

5 Descubra a regra e complete a sequência. Depois, circule o número que indica uma centena exata.

450	452							468	470	
					488					
498	500									520

6 Observe o número ao lado e responda às questões.

a) Qual é o algarismo da ordem das centenas? _____

b) Qual é o algarismo da ordem das unidades? _____

c) Quantas centenas esse número tem? _____

d) Há quantas dezenas nesse número? _____

e) Qual é o antecessor desse número? E o sucessor?
_____

7 Observe o exemplo e decomponha os números a seguir.

$$872 = 8 \times 100 + 7 \times 10 + 2 \times 1$$
$$872 = 800 + 70 + 2$$

a) 410 = _____

410 = _____

b) 127 = _____

127 = _____

c) 609 = _____

609 = _____

8 Represente as quantidades no quadro de ordens.

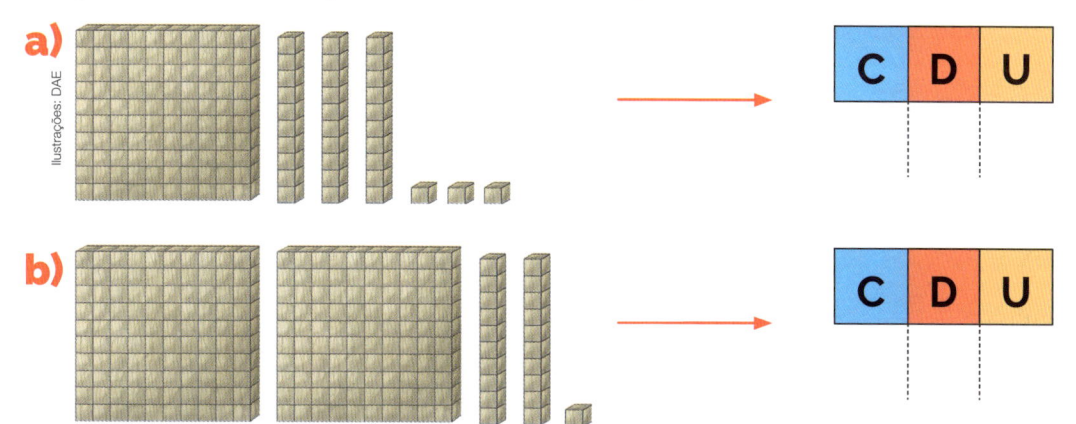

a) → | C | D | U |

b) → | C | D | U |

9 Complete.

a) Em um ano, há 365 dias. Portanto, _____ centenas, _____ dezenas e _____ unidades.

b) Em janeiro deste ano, a cidade onde Henrique mora completou 4 centenas, 6 dezenas e 4 unidades, ou seja, _____ anos.

10 Decomponha os números conforme o exemplo.

723 → 7 centenas, 2 dezenas e 3 unidades

a) 918 → _____ centenas, _____ dezena e _____ unidades

b) 324 → _____ centenas, _____ dezenas e _____ unidades

c) 189 → _____ centena, _____ dezenas e _____ unidades

d) 541 → _____ centenas, _____ dezenas e _____ unidade

11 Observe os desenhos e escreva a quantidade de centenas, dezenas e unidades em cada situação.

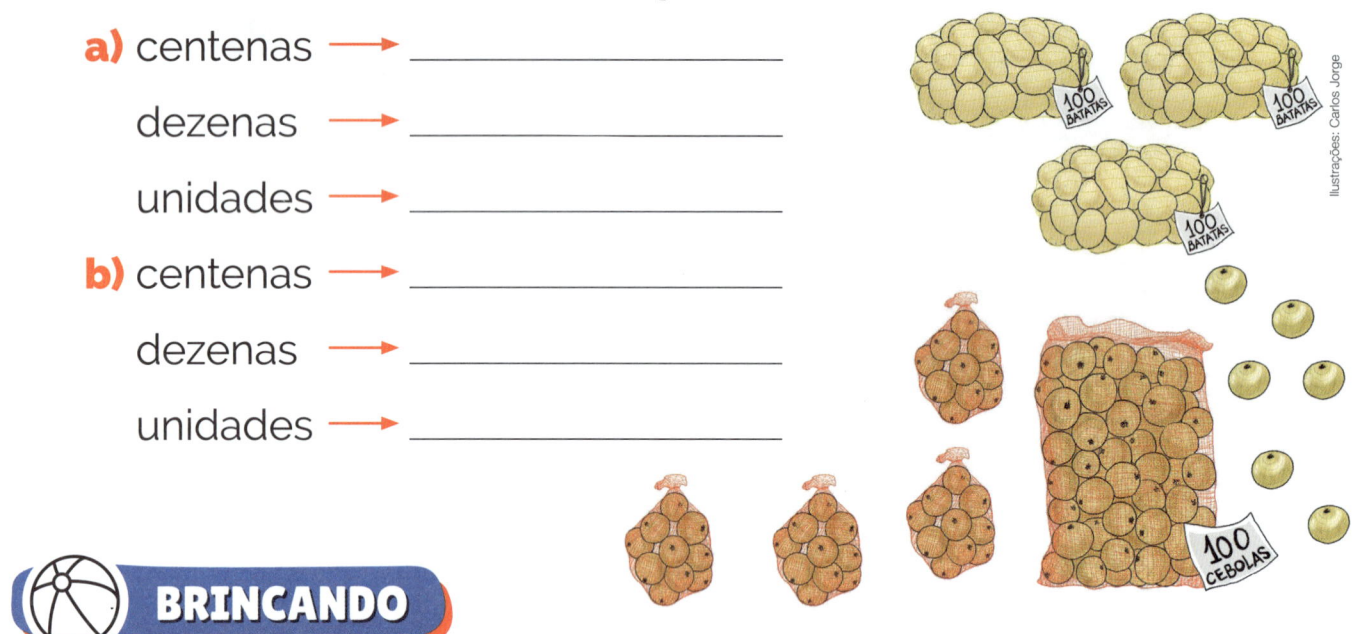

a) centenas ⟶ _____

   dezenas ⟶ _____

   unidades ⟶ _____

b) centenas ⟶ _____

   dezenas ⟶ _____

   unidades ⟶ _____

BRINCANDO

1 Pinte os espaços que contêm números formados por uma ou mais centenas e descubra os animais na cena.

UNIDADE 3

ADIÇÃO

Duda e Mariana estavam brincando juntas.

Duda tem 4 ursinhos e Mariana tem 3 ursinhos. Elas brincam, juntas, com 7 ursinhos.

Ao juntar quantidades, fazemos a operação de **adição**.

$$4 + 3 = 7$$

O sinal da **adição** é + (**mais**).
Veja esse sinal destacado na calculadora ao lado.

Em uma adição, as quantidades que serão somadas são chamadas de **parcelas**.

```
  1 2  ⟶ parcela
+   3  ⟶ parcela
─────
  1 5  ⟶ soma ou total
```

A **soma**, ou **total**, é o resultado da **adição**.

Para efetuar uma adição, colocamos unidade embaixo de unidade, dezena embaixo de dezena e centena embaixo de centena.
Exemplo:

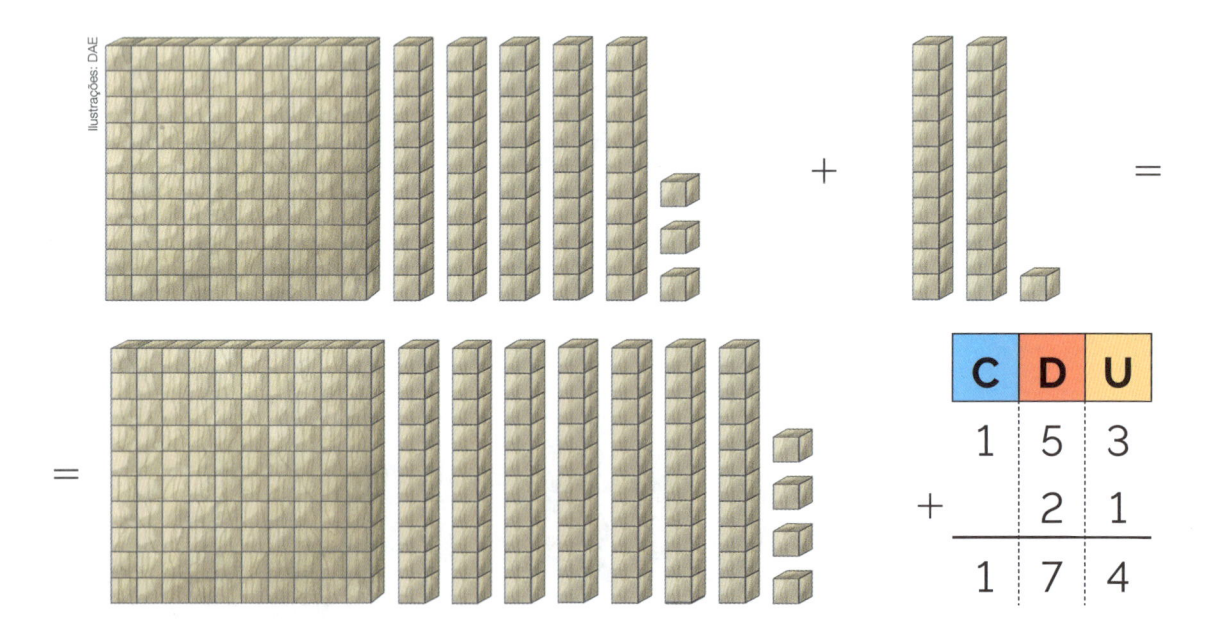

C	D	U
1	5	3
+	2	1
1	7	4

Somamos unidades com unidades, dezenas com dezenas e centenas com centenas.

52

ATIVIDADES

1 Efetue as adições.

a)
C	D	U
	2	5	7
+	3	4	2

c)
C	D	U
	5	3	0
+	3	2	6

e)
C	D	U
	4	1	5
	1	5	1
+	2	3	2

b)
C	D	U
		6	1
+		3	1

d)
C	D	U
		6	2
+		2	1

f)
C	D	U
		5	1
+		1	7

2 Arme e calcule o resultado de cada adição.

a) 32 + 13 + 44 = _____

b) 714 + 43 + 121 = _____

c) 742 + 121 + 135 = _____

d) 352 + 143 = _____

e) 234 + 351 + 113 = _____

f) 423 + 152 + 23 = _____

3 Paulo leu dois livros no ano passado. O primeiro tem 351 páginas e o segundo, 427 páginas. Quantas páginas, no total, Paulo leu? Arme a conta e escreva o resultado.

_____

4 Ligue cada quadro ao número correspondente.

a) 5 centenas + 7 unidades   804

b) 4 dezenas + 2 unidades   425

c) 8 centenas + 4 unidades   507

d) 4 centenas + 2 dezenas + 5 unidades   42

5 Utilizando a calculadora, resolva as adições. Depois escreva os resultados em ordem decrescente.

a) 673 + 214 = _____

b) 321 + 428 = _____

c) 710 + 287 = _____

d) 288 + 211 = _____

e) 126 + 723 = _____

f) 441 + 530 = _____

_____

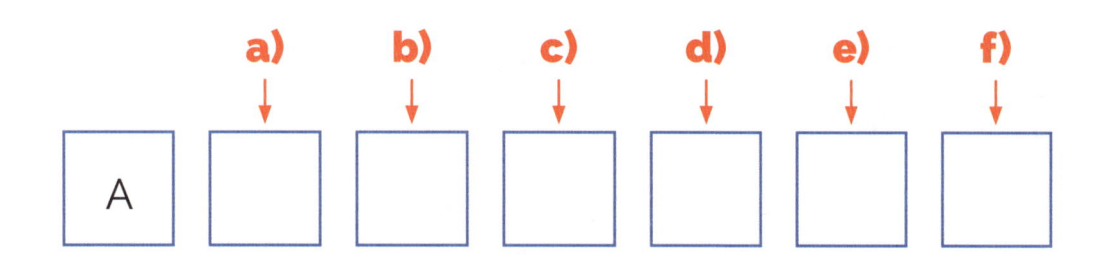

6 Calcule as somas. Em seguida, procure no quadro abaixo a letra correspondente ao resultado encontrado e escreva-a no quadro final mantendo a posição de cada item para formar uma palavra. Veja o exemplo.

677 →	A
785 →	E
769 →	G
698 →	R
469 →	L
969 →	I

```
  3 4 4
  2 3 2
+ 1 0 1
-------
  6 7 7
```

a)
```
    2 3 2
    1 2 1
+   1 1 6
---------
```

b)
```
    4 2 3
    3 3 1
+     3 1
---------
```

c)
```
    1 6 3
    2 0 1
+   4 0 5
---------
```

d)
```
    5 2 4
    1 4 3
+     3 1
---------
```

e)
```
    2 1 5
    3 2 3
+   4 3 1
---------
```

f)
```
    5 4 3
      3 2
+   1 0 2
---------
```

	a)	b)	c)	d)	e)	f)
A						

7 Resolva as adições e registre o resultado. Depois, utilizando a calculadora, confira seu cálculo.

a) 257 + 173 = _____

b) 483 + 239 = _____

c) 764 + 146 = _____

d) 398 + 145 = _____

e) 571 + 426 = _____

f) 821 + 137 = _____

Agora, vamos conferir com a calculadora.

DESAFIO

1 Nos quadros a seguir, as letras **A**, **B** e **C** correspondem a um algarismo. Descubra qual é o número e escreva as adições completas no caderno.

a)
C	D	U
2	A	0
+ A	3	6
8	9	A

b)
C	D	U
5	4	B
1	B	6
+ B	3	0
8	9	8

c)
C	D	U
6	C	5
+	1	C
6	5	9

Adição com reserva

Em uma campanha para arrecadar alimentos para animais carentes, Diego arrecadou 25 pacotes de ração para gatos e 48 pacotes de ração para cachorro. Vamos fazer as contas para encontrar o total de pacotes de ração arrecadados.

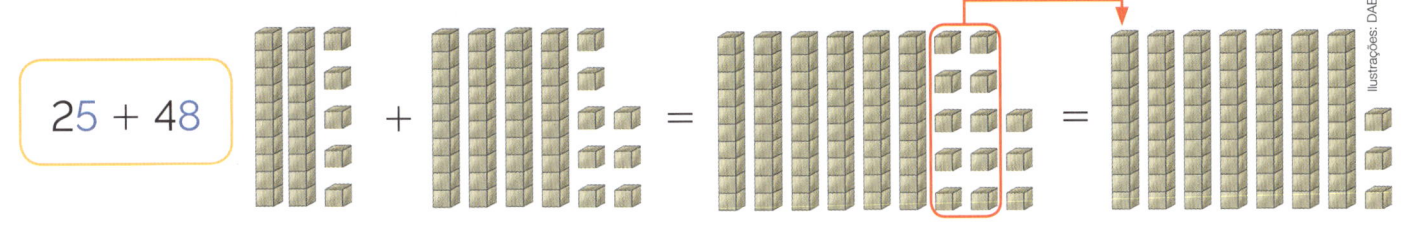

25 + 48

Cada 10 unidades devem ser trocadas por 1 dezena.

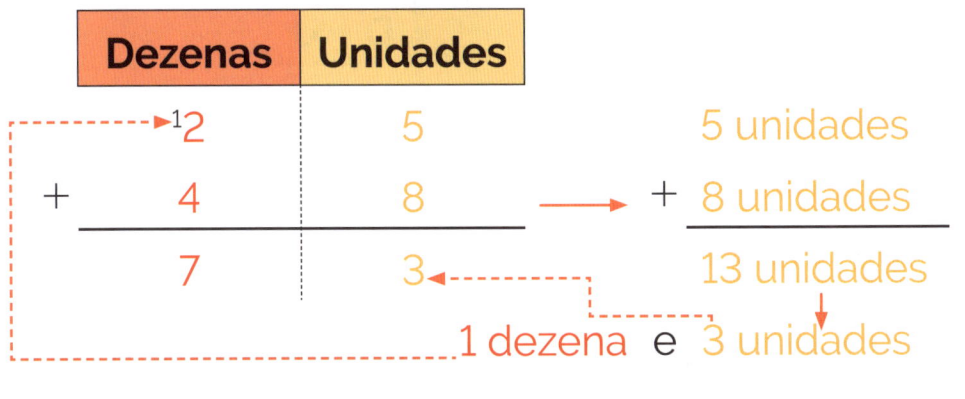

Dezenas	Unidades
¹2	5
+ 4	8
7	3

5 unidades
+ 8 unidades
13 unidades
1 dezena e 3 unidades

E se fossem 316 pacotes de ração para gatos mais 496 pacotes de ração para cachorros?

Acompanhe o cálculo:

Centenas	Dezenas	Unidades
¹3	¹1	6
+ 4	9	6
8	1	2

1 + 9 + 1
=
1 centena + 1 dezena

6 + 6
=
1 dezena + 2 unidades

ATIVIDADES

1) Calcule as adições.

a) 37 + 83 = _____

b) 94 + 29 = _____

c) 215 + 197 = _____

d) 129 + 72 + 22 = _____

2) Faça as adições no quadro de ordens.

a)
C	D	U
2	3	7
+1	5	5

b)
C	D	U
5	2	8
+2	9	6

c)
C	D	U
7	0	4
+2	8	6

d)
C	D	U
4	2	5
+2	9	2

3) Observe a situação e complete a frase.

Se Keila comprar a calça e a blusa vai pagar _____ reais.

PROBLEMAS

1 Na escola Aprendendo com Amor estão matriculados 235 alunos na parte da manhã e 286 na parte da tarde. Quantos alunos estudam nessa escola?

2 Ricardo faz tortas para vender. Ele recebeu uma encomenda de 35 tortas de atum, 35 de palmito e 45 de abóbora. Quantas tortas Ricardo irá fazer no total?

3 João tem uma barraca de verduras. Em um dia de bastante movimento ele vendeu 37 pés de alface, 56 maços de couve, 32 de escarola e 47 brócolis. Quantas verduras ele vendeu nesse dia?

Propriedade da adição

Pense: Qual é o resultado de 15 + 23? E de 23 + 15?

> Você notou que 15 + 23 e 23 + 15 têm o mesmo total?

Nas adições, as **parcelas podem ser colocadas em qualquer ordem e a soma ou total não se altera**.

32 + 23 + 21

21 + 23 + 32

23 + 32 + 21

23 + 32 + 21 = 76

```
   2 3        3 2        2 1
   3 2        2 3        3 2
 + 2 1      + 2 1      + 2 3
 ─────      ─────      ─────
   7 6        7 6        7 6
```

ATIVIDADES

1 Efetue as adições a seguir. Depois, troque a ordem das parcelas e as efetue novamente.

a) 4 2 2
  + 3 3 1

b) 2 4 5
  + 1 5 2

c) 6 2 3
  + 3 1 4

d) 2 5 1
  + 4 4 8

2 Carlos inventou um jogo em que o quadrado verde é uma unidade, o vermelho é uma dezena e o azul, uma centena. Conte a quantidade de quadradinhos de cada cor e efetue as adições feitas por Carlos, como no exemplo abaixo.

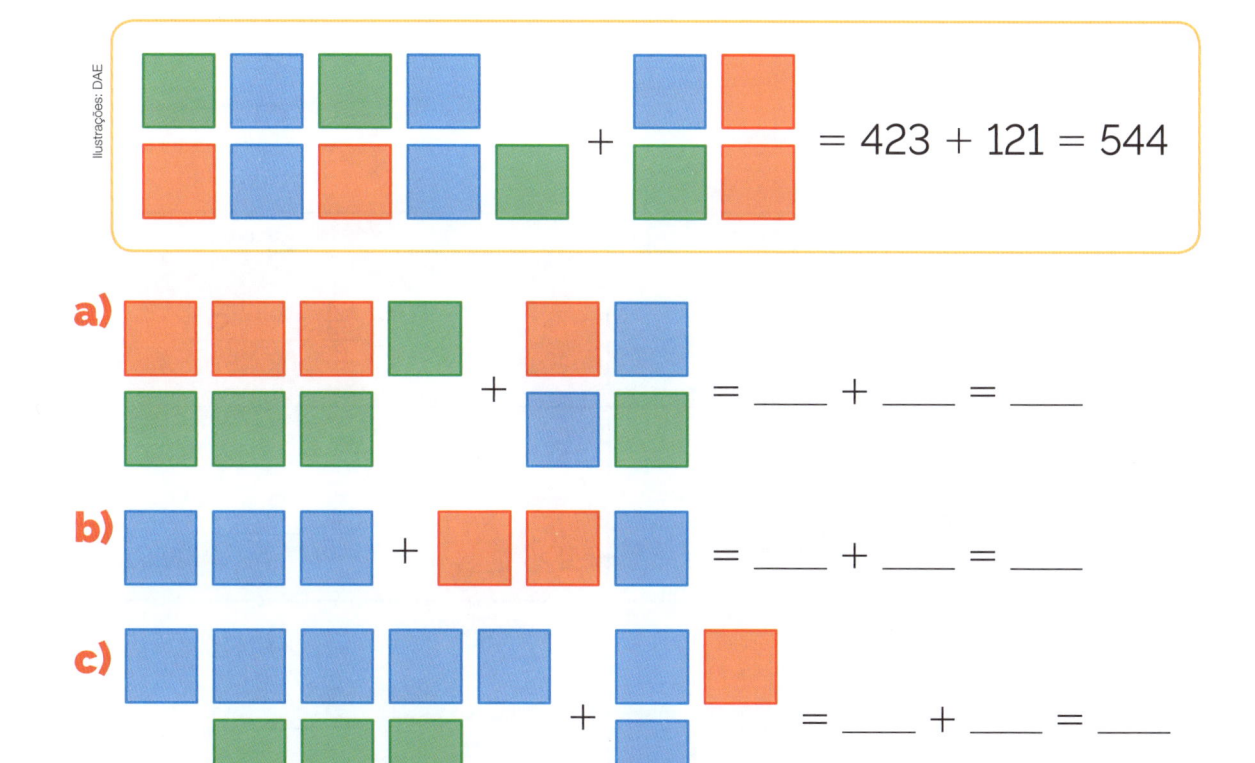

= 423 + 121 = 544

a) ___ + ___ = ___

b) ___ + ___ = ___

c) ___ + ___ = ___

3 Quantos números diferentes até 999 podemos formar com os algarismos 5, 4 e 9 sem repeti-los no mesmo número?

_____

4 As adições da coluna **A** são iguais às da coluna **B**. No entanto, note que, na coluna **B**, a ordem das parcelas das adições foi modificada e alguns algarismos foram apagados.

Resolva as adições da coluna **A**, complete e resolva as adições da coluna **B**. Depois ligue as adições iguais.

A	B
4 6 3 + 2 3 4	4 7 + 2 2
3 3 4 + 2 4 2	3 6 + 3 9
3 8 2 + 2 4 8	2 3 + 9
2 2 8 + 4 5 7	3 4 + 4 3
9 4 + 3 2 3	8 + 3 8
1 3 9 + 3 6 7	4 2 + 3 4

DESAFIO

1 Cada bloco representa a soma dos dois blocos abaixo dele. Calcule para alcançar o topo da pirâmide. Faça as contas no caderno.

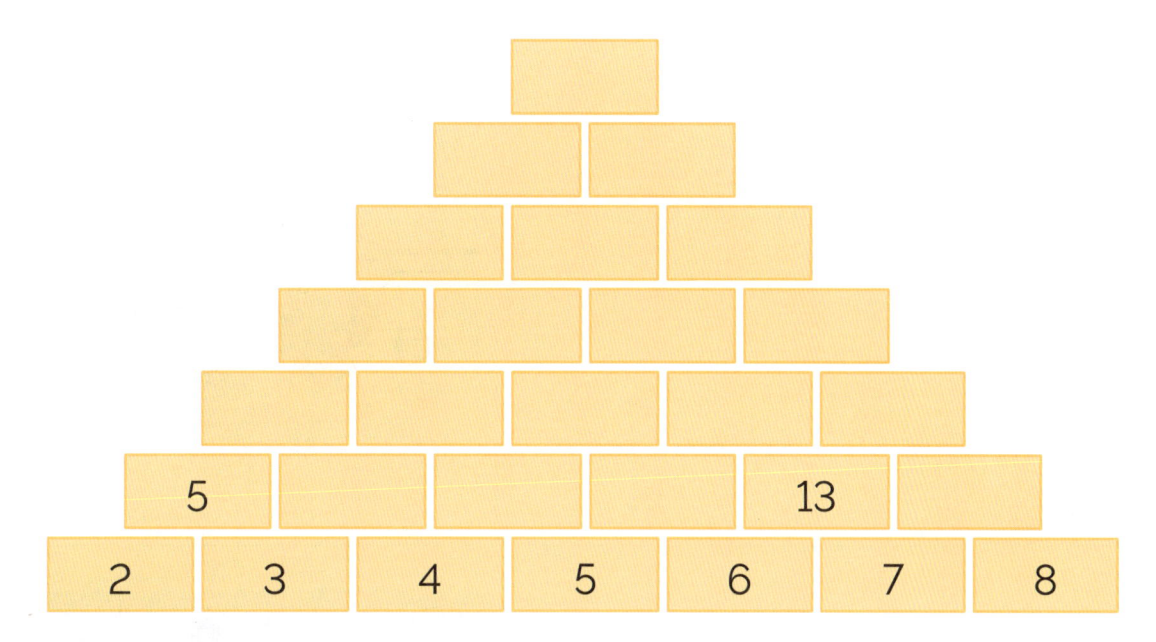

		5					13	
2	3	4	5	6	7	8

PESQUISANDO

1 Pesquise o número de assentos disponíveis nos ônibus de sua cidade e descubra se é permitido aos passageiros viajar em pé. Em seguida, calcule quantos passageiros cada ônibus pode transportar. Anote o resultado e compare-o com o encontrado pelos colegas.

PROBLEMAS

Resolva os problemas e, depois, faça a verificação dos resultados das adições trocando a ordem das parcelas.

1 Murilo tem 14 figurinhas e Ana tem 27 figurinhas a mais que Murilo. Quantas figurinhas Ana tem?

2 Adriano tem uma loja de brinquedos. Em um fim de semana de promoções, ele vendeu 73 brinquedos no sábado e 85 no domingo. Quantos brinquedos ele vendeu no final de semana?

3 Um motoqueiro percorreu 216 quilômetros no primeiro dia e 235 quilômetros no segundo dia de viagem. Quantos quilômetros ele percorreu nos dois dias?

4 Marta tem uma coleção de orquídeas em seu apartamento. Ela levou 18 delas para o jardim do prédio onde mora e ainda ficou com 17. Quantas orquídeas Marta tinha no apartamento?

5 Lucas foi a uma lanchonete e pediu um lanche de 18 reais, uma salada de 11 reais e um suco de 7 reais. Antes de ir embora ele comeu uma sobremesa de 14 reais. Quantos reais Lucas gastou na lanchonete?

6 Mariana faz parte do projeto Sopa Solidária, que distribui sopas para pessoas carentes. Ela entregou 16 sopas no Bairro das Amoras, 25 sopas no Bairro das Flores e ainda tem 12 sopas para entregar no próximo bairro. Quantas sopas Mariana levou para entregar?

7 Na estante de uma livraria, foram colocados 215 livros de Literatura e 355 livros de Arte. Qual foi o total de livros colocados nessa estante?

8 Marco usou 49 metros de arame para cercar uma parte de seu jardim e ainda restaram 26 metros de arame no rolo. Quantos metros tinha o rolo inteiro?

9 Mirela é estoquista em uma loja de camisetas. Hoje ela dobrou uma centena de camisetas, cinco dezenas de camisas e três dezenas de calças. Quantas peças de roupas Mirela dobrou?

UNIDADE 4

SUBTRAÇÃO

Observe as cenas a seguir.

Quando tiramos uma quantidade de outra, realizamos a operação chamada **subtração**.

$$6 - 2 = 4$$

A subtração também é usada para comparar duas quantidades.

Por exemplo, se Paula tem 9 primos e Fábio tem 7, então Paula tem 2 primos a mais do que Fábio.

$$9 - 7 = 2$$

O sinal de subtração é — (**menos**).

Vamos relembrar os termos da subtração?

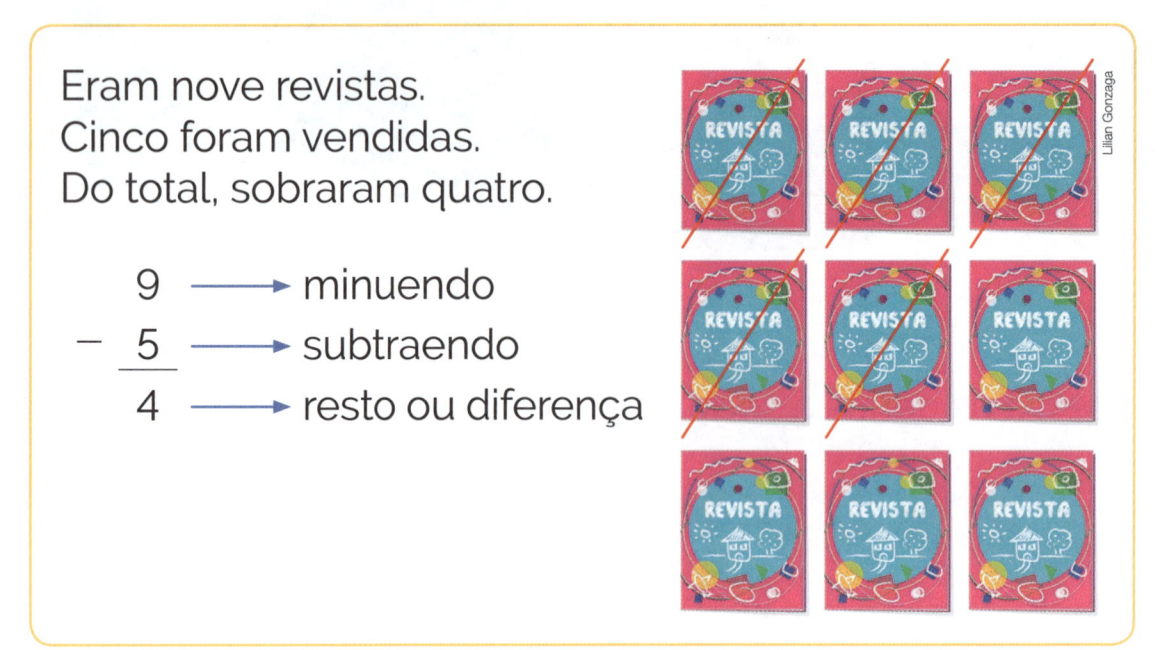

Eram nove revistas.
Cinco foram vendidas.
Do total, sobraram quatro.

9 ⟶ minuendo
− 5 ⟶ subtraendo
4 ⟶ resto ou diferença

Vamos lembrar como retirar uma quantidade de outra fazendo uma subtração.

Dezenas	Unidades
6	7
− 2	4
4	3

Para tirar 24 de 67, eu armei a conta ao lado. É preciso sempre colocar os algarismos de forma organizada e começar o cálculo pelo lado direito.

Comece pelas unidades: (7 − 4) e escreva o resto embaixo (3).
Depois, faça o mesmo com as dezenas: (6 − 2) e escreva o resto embaixo (4).
Observe essa subtração com o Material Dourado.

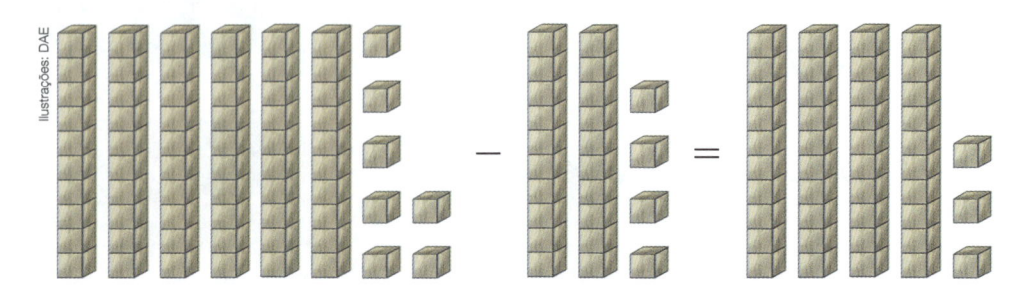

Acompanhe a subtração a seguir.

Uma gráfica imprime, por dia, 358 revistas. Sabendo-se que já foram impressas 124, quantas revistas ainda faltam ser impressas para que se obtenha a quantidade total diária?

$$358 - 124 = 234$$

Veja a situação-problema acima representada no quadro de ordens:

C	D	U
3	5	8
−1	2	4
2	3	4

Verificação da subtração

Para verificar se a subtração está correta, basta fazer a **operação inversa da subtração**, que é a **adição**.

> Somamos o resto com o subtraendo e encontramos o minuendo.

Observe:

minuendo ⟶ 5 4 2   3 1 0
subtraendo ⟶ − 2 3 2   + 2 3 2
diferença ou resto ⟶ 3 1 0   5 4 2

ATIVIDADES

1 Efetue as subtrações a seguir.

a)
C	D	U
	6	2
−	1	1

b)
C	D	U
	6	1
−	3	1

c)
C	D	U
	3	6
−	1	4

d)
C	D	U
7	6	1
−	3	0

e)
C	D	U
8	4	7
− 6	2	2

f)
C	D	U
9	6	7
− 2	4	3

2 Efetue as operações a seguir e, depois, faça a verificação dos resultados.

a) 72 − 31 = _____

b) 95 − 22 = _____

c) 47 − 13 = _____

d) 75 − 32 = _____

e) 27 − 4 = _____

f) 84 − 32 = _____

3) Arme e efetue as subtrações. Depois, dê nome aos termos.

a) 685 − 243 = _____

b) 876 − 43 = _____

4) Complete as subtrações com os algarismos que faltam. Em seguida, faça a operação inversa para verificar se os resultados estão corretos.

a)
```
   2 4 9
 − 1 2 ☐
 ───────
   1 2 6
```

b)
```
   4 6 8
 − 1 ☐ 5
 ───────
   3 3 3
```

c)
```
   ☐ 9 ☐
 − 2 7 5
 ───────
   1 2 3
```

d)
```
   ☐ 7 8
 − 1 4 6
 ───────
   8 3 ☐
```

e)
```
   5 1 8
 − 3 ☐ 2
 ───────
   2 1 6
```

f)
```
   6 9 9
 − ☐ ☐ ☐
 ───────
   3 9 9
```

g)
```
   ☐ 8 5
 − 4 5 1
 ───────
   2 ☐ ☐
```

h)
```
   8 0 9
 − 5 ☐ 1
 ───────
   3 0 ☐
```

PROBLEMAS

Resolva os problemas a seguir e verifique o resultado realizando a operação inversa.

1) Dona Zuzu fez 287 acarajés para um evento, mas vendeu apenas 225. Quantos acarajés sobraram?

_____

2) Um avião viajou de Florianópolis para Brasília e fez uma escala em São Paulo. Em Florianópolis embarcaram 189 pessoas. Em São Paulo desembarcaram 57 e embarcaram 81. Quantas pessoas chegaram em Brasília?

_____

3) Juliana fez uma apresentação de balé em um teatro. Para essa apresentação foram distribuídos 375 convites e compareceram 264 pessoas. Quantas pessoas receberam convite, mas não foram ver a apresentação?

_____

4 Dudu tem uma coleção com 253 selos e uma coleção com 578 botões. Quantos botões Dudu tem a mais do que selos?

5 Mário levou 489 pastéis para vender em sua barraca na feira. Até as 12:00 ele já havia vendido 110 pastéis de carne, 12 de bauru e 56 de queijo. Quantos pastéis sobraram para ele vender após as 12:00?

6 No pomar do Seu Joaquim tem 96 árvores. 42 são macieiras, 48 são amoreiras e o restante são pitangueiras.

Quantas pitangueiras Seu Joaquim tem no pomar?

DESAFIO

1 Em uma escola, estudam 929 alunos. No primeiro turno há 324 alunos e, no segundo, 281. Quantos alunos estudam nessa escola no terceiro turno?

Dica: utilize a calculadora para efetuar os cálculos e registre-os aqui.

Subtração com recurso

Em um vagão de metrô há 56 lugares e 29 passageiros estão sentados.

$$56 - 29 = 27$$

Restam 27 lugares livres no vagão.
Veja como fizemos o cálculo:

Iniciamos pela ordem das unidades: como não podemos retirar 9 unidades de 6 unidades, **trocamos 1 dezena por 10 unidades** e a somamos às 6 unidades que já estão lá. Assim, o total é de 16 unidades. Agora, podemos retirar 9 unidades de 16 unidades, que resulta 7 unidades.

Como retiramos uma dezena do minuendo, ficamos com 4 dezenas e, delas, retiramos 2 dezenas do subtraendo; restam, portanto, 2 dezenas.

Observe outro exemplo.

$$401 - 182 = 219$$

Veja como fazer essa subtração:

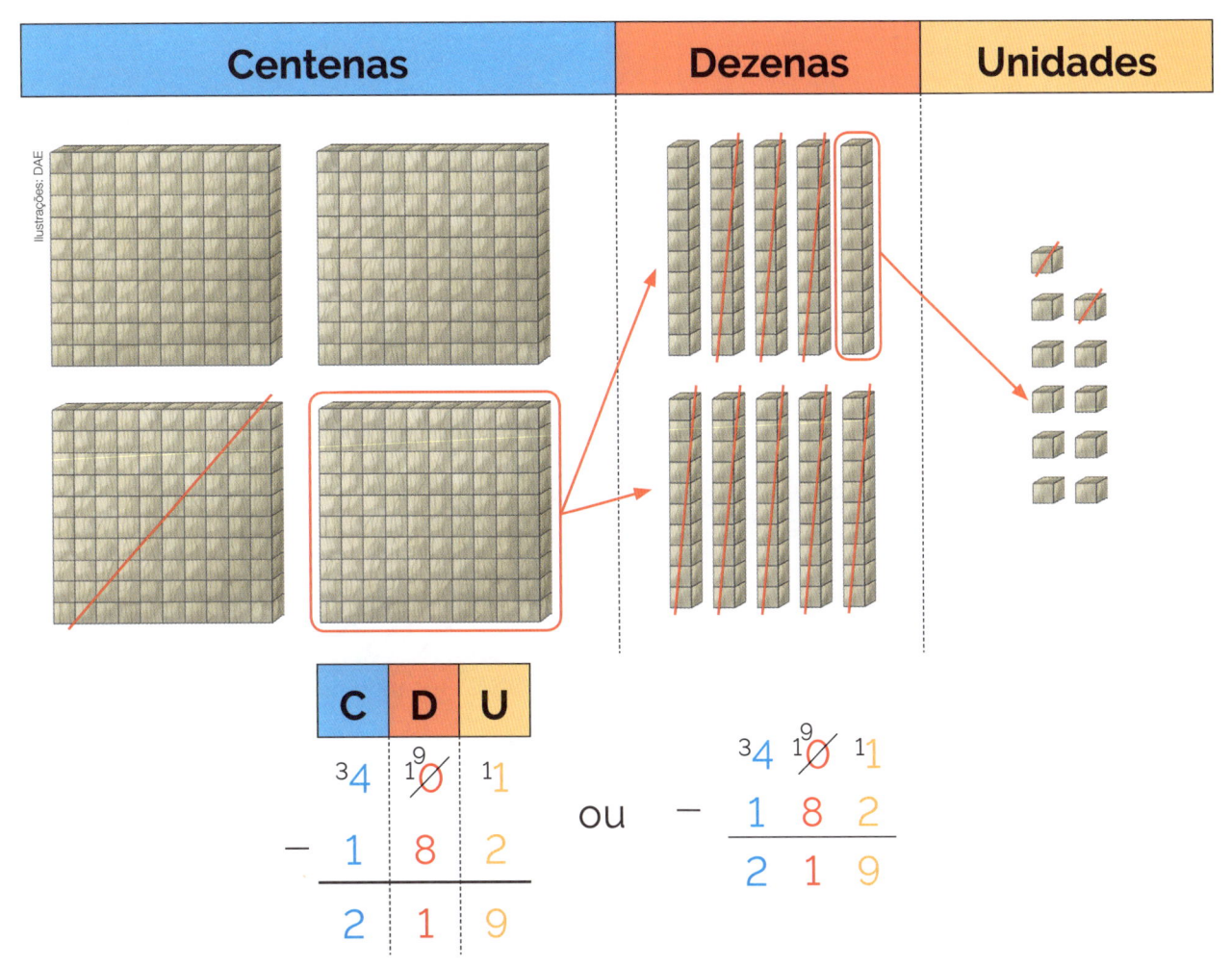

Centenas	Dezenas	Unidades

C	D	U
³4	¹⁹0̸	¹1
− 1	8	2
2	1	9

ou

$$\begin{array}{r} ^3\!4\;^1\!\!\not{9}\!\!\!\!\!\;^1\!1 \\ -\;1\;8\;2 \\ \hline 2\;1\;9 \end{array}$$

Iniciamos pela ordem das unidades: como não podemos subtrair 2 unidades de 1 unidade, devemos trocar 1 dezena por 10 unidades; porém, temos zero dezena, logo, precisaremos trocar 1 centena por 10 dezenas; assim, podemos trocar 1 dezena por 10 unidades e somá-la à 1 unidade do minuendo, obtendo, portanto, 11 unidades. Temos, então, 2 unidades para subtrair de 11 unidades, que é igual a 9 unidades.

Como retiramos 1 dezena das 10 dezenas do minuendo, ficamos com 9 dezenas para retirar delas 8 dezenas; resta, portanto, 1 dezena.

Por último, como retiramos 1 centena do minuendo 4, teremos 3 centenas para retirar 1 centena do subtraendo, restando 2 centenas.

ATIVIDADES

1 Efetue as subtrações a seguir e represente-as com desenhos do Material Dourado.

a)
```
   4 8 1
 − 1 6 0
```

b)
```
   9 2 7
 − 1 1 7
```

c)
```
   3 7 3
 − 1 2 1
```

2 Arme as subtrações nos quadros de ordens.

a) 262 − 58

C	D	U
2	6	2
−	5	8

b) 54 − 19

C	D	U
	5	4
−	1	9

c) 986 − 247

C	D	U
9	8	6
− 2	4	7

3 Resolva a operação e responda às perguntas.

C	D	U
5	9	5
− 2	4	3

a) Quantas dezenas há no subtraendo?
_____

b) Quantas centenas há no resto?
_____

4 Arme e efetue as subtrações a seguir. Em seguida, ligue-as com os respectivos resultados escritos na forma de centenas, dezenas e unidades.

a) 94 − 28

b) 932 − 171

c) 56 − 27

d) 608 − 382

e) 41 − 18

f) 305 − 212

- 9 dezenas e 3 unidades
- 2 dezenas e 3 unidades
- 2 dezenas e 9 unidades
- 2 centenas, 2 dezenas e 6 unidades
- 6 dezenas e 6 unidades
- 7 centenas, 6 dezenas e 1 unidade

5 Complete as subtrações, de modo que as igualdades abaixo sejam verdadeiras. Você pode usar a calculadora para fazer as contas.

a) 247 − 135 = _____

b) _____ − 568 = 214

c) _____ − 85 = 321

d) 968 − 779 = _____

6 Observe as quantidades de Paula e de João e responda às perguntas.

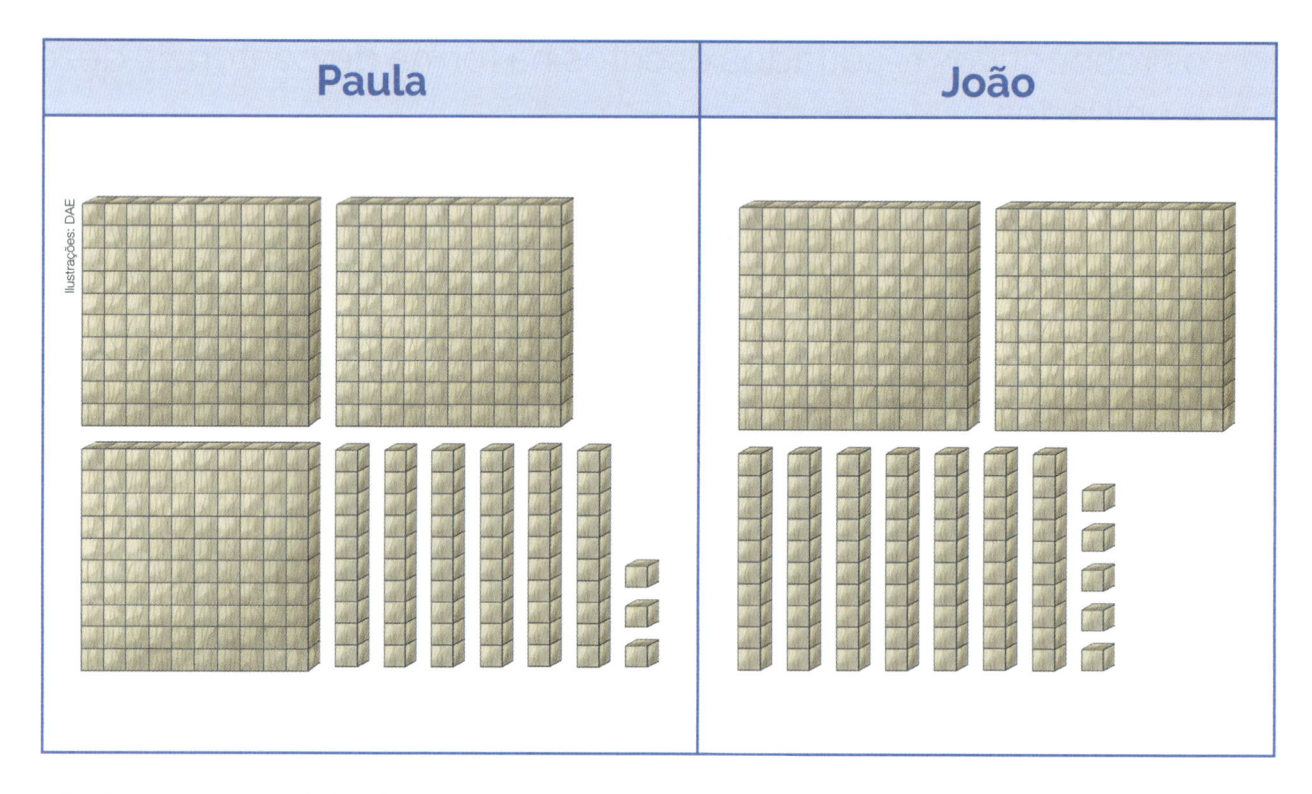

Paula	João

a) Quantas unidades Paula tem?
_____

b) E João?
_____

c) Quem tem a maior quantidade?
_____

d) Quanto um tem a mais que o outro?
_____

7 Encontre o resultado das operações a seguir.

a)   3 4 2
   − 2 0 9

d)   5 8 1
   − 2 4 7

g)   2 2 5
   − 1 6 6

b)   6 0 5
   − 4 7 3

e)   4 0 2
   − 3 8 5

h)   1 2 7
   −   8 9

c)   7 1 4
   − 2 8 6

f)   8 3 3
   − 5 1 4

i)   9 1 7
   − 7 2 1

8 Elabore sequências numéricas seguindo as orientações.

a) Cada número deve ter 15 unidades a menos que o anterior.

105 − ___ − ___ − ___ − ___ − ___ − 15

b) Cada número deve ter 3 dezenas a menos que o anterior.

300 − ___ − ___ − ___ − ___ − ___ − ___ − ___ − 60

c) Cada número deve ter 1 centena a menos que o anterior.

800 − ___ − ___ − ___ − ___ − ___ − ___ − ___ − ___

d) Cada número deve ter 1 centena e 2 dezenas a menos que o anterior.

960 − ___ − ___ − ___ − ___ − ___ − ___ − 120

e) Cada número deve ter 1 centena e 5 dezenas a menos que o anterior.

955 − ___ − ___ − ___ − ___ − ___ − ___

BRINCANDO

Vamos brincar de subtrair com o Material Dourado?

1. Junte-se a 3 ou 4 colegas e formem um grupo.
2. Recorte as peças do Material Dourado que estão no encarte e as cartelas com números para a brincadeira.
3. Escolha uma das cartelas para jogar.
4. A cada rodada, cada um de vocês sorteia até 6 peças do Material Dourado que tem e, em seguida, usa essas peças para fazer uma subtração.
5. Se o resultado da subtração for um número que está na sua cartela, você deve pintar esse número.
6. Vence quem conseguir pintar mais números da cartela fazendo as subtrações com o Material Dourado.
7. Ao terminarem, registre algumas de suas subtrações.

PROBLEMAS

1 Havia 83 papagaios no zoológico Animazoo e 49 foram transferidos para o zoológico de uma cidade vizinha. Quantos papagaios ainda ficaram no Animazoo?

_____

2 Em um lago vivem 81 carpas, 68 são alaranjadas e as outras são brancas. Quantas carpas brancas há nesse lago?

_____

3 Lúcio recebeu uma encomenda de um cento de salgados. Até agora ele fez 77 salgados. Quantos faltam para ele terminar a encomenda?

_____

4 Em uma festa com 300 convidados, 197 são adultos e o restante são crianças. Quantos convidados dessa festa são crianças?

_____

Acompanhe a resolução deste problema.

Em um abrigo para animais abandonados, há 62 cachorros e 37 gatos. No abrigo, há espaço para 120 animais. Quantos animais ainda podem ser abrigados?

Para resolver, primeiro somamos a quantidade de cachorros e gatos que já estão no abrigo:

$$62 + 37 = 99$$

Depois, subtraímos esse total de 120 para descobrir quantos animais ainda podem ser abrigados:

$$120 - 99 = 21$$

É possível abrigar mais 21 animais.

5 Selma fez uma promoção em sua loja de bolsas. Ela tinha 400 bolsas em estoque no sábado pela manhã. A loja vendeu 227 bolsas no sábado e 159 no domingo. Quantas bolsas sobraram no estoque depois do final de semana?

6 Havia 53 meninos e 58 meninas na Feira Cultural da escola. Na hora do almoço, 68 crianças foram embora. Quantas crianças continuaram na feira?

UNIDADE 5
MULTIPLICAÇÃO

Juliana vende potes de geleia em caixas com 4 unidades cada.

Podemos determinar a quantidade de potes de geleia que há na barraca de Juliana por meio de uma **multiplicação**.

Toda adição de parcelas iguais pode ser representada por uma multiplicação.

$$4 + 4 + 4 + 4 + 4 + 4 + 4 = 28 \longrightarrow 7 \times 4 = 28$$

O sinal da multiplicação é o **×** (**vezes**).
A multiplicação é representada nas formas:

$$7 \times 4 = 28$$

ou

$$\begin{array}{r} 4 \\ \times 7 \\ \hline 2\,8 \end{array}$$

4 → multiplicando
7 → multiplicador
28 → produto

83

O **multiplicando** indica a quantidade que será repetida.
O **multiplicador** indica quantas vezes a quantidade será repetida.
O **produto** é o resultado da multiplicação.

O **multiplicando** e o **multiplicador** são os **fatores** da multiplicação.

ATIVIDADES

1 Observe as figuras a seguir e faça como no exemplo.

3 + 3 + 3 = 9
3 × 3 = 9

a)

b)

c)

2 Ligue as adições a seguir às respectivas multiplicações.

a) 3 + 3 + 3 + 3 + 3

b) 2 + 2 + 2 + 2 + 2 + 2 + 2 + 2 + 2

c) 10 + 10 + 10 + 10

d) 5 + 5 + 5 + 5 + 5 + 5 + 5

e) 9 + 9 + 9 + 9 + 9 + 9

4 × 10

7 × 5

6 × 9

5 × 3

9 × 2

3 Observe o exemplo e complete o quadro.

×	1	2	3	4	5	6	7	8	9	10
2	2									
3										
4										
5										

4 Arme as contas e calcule o resultado da multiplicação dos pontos obtidos nos dois dados.

a) 3 × 5

b) 4 × 5

c) 2 × 6

d) 5 × 2

e) [dado 1] × [dado 6] × _____

f) [dado 2] × [dado 4] × _____

g) [dado 4] × [dado 1] × _____

h) [dado 6] × [dado 3] × _____

5 Complete o quadro conforme o exemplo.

×	1	2	3	4	5	6	7	8	9	10
6	6									
7										
8										
9										

6 Observe a figura ao lado e faça o que se pede.

a) Quantas fileiras verticais tem a figura verde? _____

b) Quantas fileiras horizontais tem a figura verde? _____

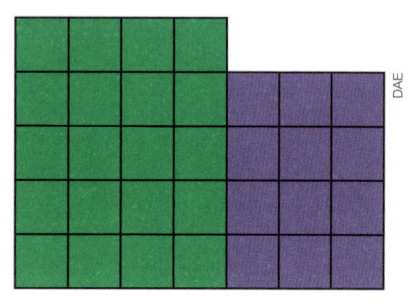

c) Represente com uma multiplicação o número de quadradinhos verdes. _____

d) Represente com uma multiplicação o número de quadradinhos roxos. _____

e) Calcule o total de quadradinhos das duas figuras.

_____

7 Seguindo a ideia da atividade 6, pinte a quantidade necessária de quadradinhos em cada item até obter a representação da multiplicação indicada.

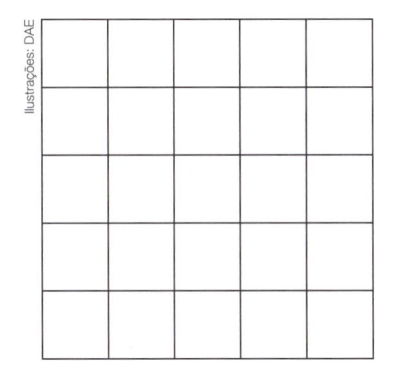

a) 2 × 3

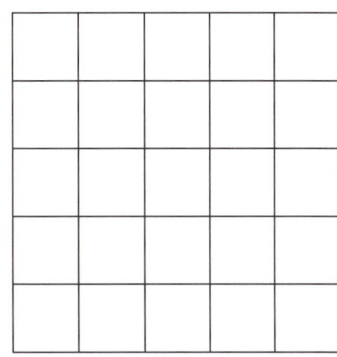

b) 2 × 5

c) 3 × 3

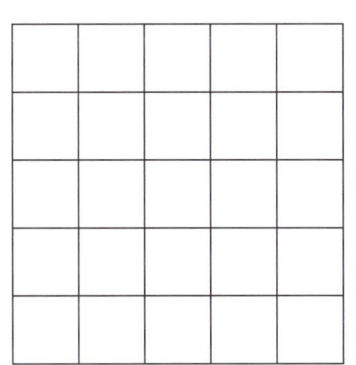

d) 5 × 3

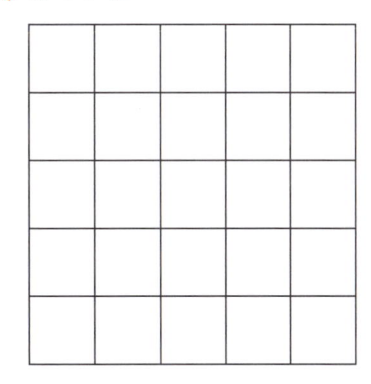

8 Observe a figura.

Agora, usando multiplicação, calcule:

a) a quantidade de carros estacionados;

_____

b) a quantidade de rodas dos carros.

_____

9 Complete o quadro como nos dois primeiros exemplos.

×	1	2	3	4	5	6	7	8	9	10
5	5	10								

10 Escreva uma multiplicação de acordo com cada figura.

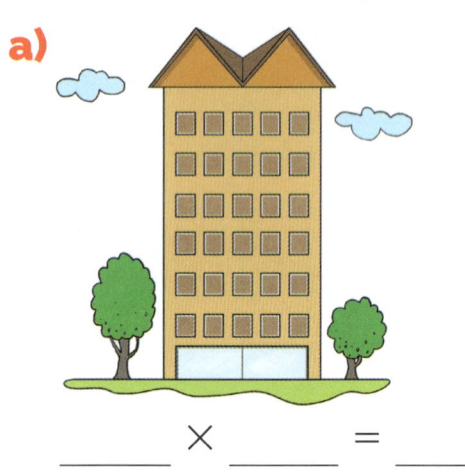

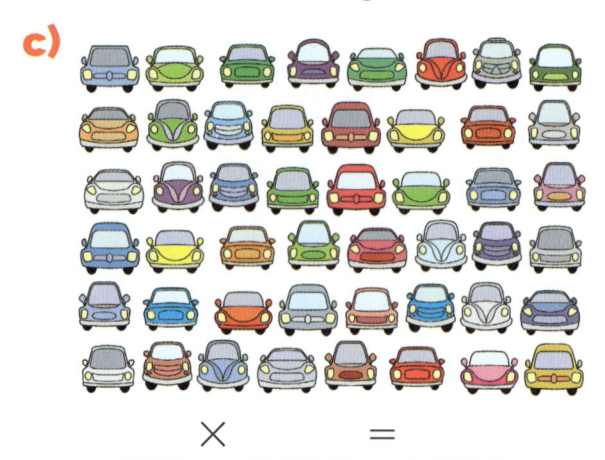

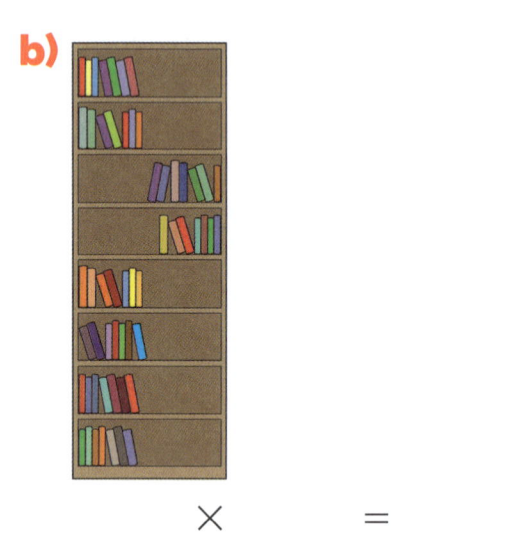

a) _____ × _____ = _____

b) _____ × _____ = _____

c) _____ × _____ = _____

d) _____ × _____ = _____

Observe:

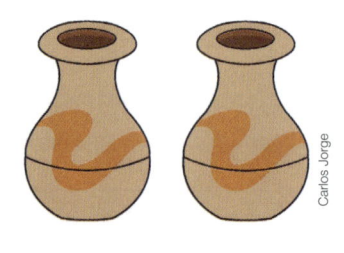

2 × 3 = 6   2 × 0 = 0

Quando multiplicamos qualquer número por zero, o produto será sempre zero.

11 Calcule as multiplicações.

a) 2 × 0 = _____

b) 5 × 0 = _____

c) 9 × 0 = _____

d) 6 × 0 = _____

e) 8 × 0 = _____

f) 7 × 0 = _____

Observe as adições e multiplicações a seguir.

| 3 + 3 = 2 × 3 = 6 | | 2 × 3 = 3 × 2 | | 2 + 2 + 2 = 3 × 2 = 6 |

Você notou que, se trocarmos a ordem dos fatores, efetuamos a multiplicação e o produto continua o mesmo?

> A ordem dos fatores não altera o produto.

12 Reescreva transformando, quando for possível, a adição em multiplicação. Observe o exemplo:

> 6 + 6 + 6 + 6 + 7 + 7 + 7 = 4 × 6 + 3 × 7

a) 2 + 2 + 2 + 3 + 3 + 4 + 4 + 4 + 4 + 4 + 5 + 5 + 5 + 5 + 5 =

_____

b) 7 + 7 + 7 + 7 + 7 + 6 + 6 + 6 + 6 + 8 + 8 + 8 + 8 =

_____

13 Utilize as multiplicações a seguir para representar a quantidade de objetos em cada item.

| 2 × 6 | 4 × 2 | 7 × 3 | 3 × 5 |

a) _____

b) _____

c) _____

d) _____

14 Faça as multiplicações a seguir e pinte com a mesma cor os quadros que tenham resultados iguais.

8 × 5 = _____

7 × 6 = _____

2 × 5 = _____

5 × 8 = _____

5 × 2 = _____

4 × 6 = _____

6 × 7 = _____

7 × 9 = _____

9 × 4 = _____

4 × 9 = _____

9 × 7 = _____

6 × 4 = _____

15. As tabelas abaixo são conhecidas como tabuadas. Complete-as com o resultado de cada multiplicação.

2 × 0 = ___	3 × 0 = ___	4 × 0 = ___	5 × 0 = ___
2 × 1 = ___	3 × 1 = ___	4 × 1 = ___	5 × 1 = ___
2 × 2 = ___	3 × 2 = ___	4 × 2 = ___	5 × 2 = ___
2 × 3 = ___	3 × 3 = ___	4 × 3 = ___	5 × 3 = ___
2 × 4 = ___	3 × 4 = ___	4 × 4 = ___	5 × 4 = ___
2 × 5 = ___	3 × 5 = ___	4 × 5 = ___	5 × 5 = ___
2 × 6 = ___	3 × 6 = ___	4 × 6 = ___	5 × 6 = ___
2 × 7 = ___	3 × 7 = ___	4 × 7 = ___	5 × 7 = ___
2 × 8 = ___	3 × 8 = ___	4 × 8 = ___	5 × 8 = ___
2 × 9 = ___	3 × 9 = ___	4 × 9 = ___	5 × 9 = ___

6 × 0 = ___	7 × 0 = ___	8 × 0 = ___	9 × 0 = ___
6 × 1 = ___	7 × 1 = ___	8 × 1 = ___	9 × 1 = ___
6 × 2 = ___	7 × 2 = ___	8 × 2 = ___	9 × 2 = ___
6 × 3 = ___	7 × 3 = ___	8 × 3 = ___	9 × 3 = ___
6 × 4 = ___	7 × 4 = ___	8 × 4 = ___	9 × 4 = ___
6 × 5 = ___	7 × 5 = ___	8 × 5 = ___	9 × 5 = ___
6 × 6 = ___	7 × 6 = ___	8 × 6 = ___	9 × 6 = ___
6 × 7 = ___	7 × 7 = ___	8 × 7 = ___	9 × 7 = ___
6 × 8 = ___	7 × 8 = ___	8 × 8 = ___	9 × 8 = ___
6 × 9 = ___	7 × 9 = ___	8 × 9 = ___	9 × 9 = ___

Multiplicação com mais de um algarismo no multiplicando

Acompanhe os exemplos a seguir:

3 × 23 = **23 + 23 + 23 = 69**   2 × 24 = **24 + 24 = 48**

```
   D U              2 3              D U              2 4
   2 3              2 3              2 4              2 4
 ×   3            + 2 3            ×   2            + 2 4
  ───              ───               ───              ───
   6 9              6 9              4 8              4 8
```

> Para fazer essas operações, multiplicamos unidades por unidades e unidades por dezenas.

Observe outro exemplo, agora com um número maior:

3 × 223 = 223 + 223 + 223 = 669

```
   C D U
   2 2 3
 ×     3
  ─────
   6 6 9
```

Para fazer essa operação, multiplicamos **unidades** por **unidades**, **unidades** por **dezenas** e **unidades** por **centenas**.

ATIVIDADES

1 Escreva as somas a seguir como multiplicação e resolva.

a) 122 + 122 + 122 + 122 = _____

b) 434 + 434 = _____

2 Resolva as multiplicações a seguir no quadro de ordens.

a) 51 × 5 =

C	D	U

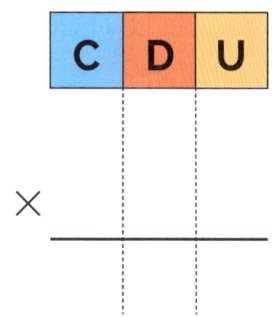

c) 83 × 3 =

C	D	U

b) 124 × 2 =

C	D	U

d) 212 × 4 =

C	D	U

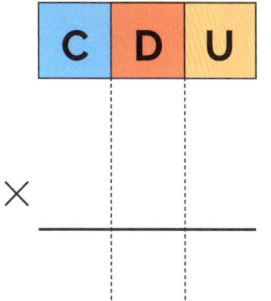

3 Efetue as multiplicações a seguir. Observe o modelo.

> Três vezes trezentos e trinta e um.
> 3 × 331 = 993

a) Quatrocentos e quarenta e três vezes dois.

_____

b) Cento e um vezes cinco.

_____

4 Complete as multiplicações a seguir com os números que faltam.

a)

C	D	U
4	3	2
×		
	6	

b)

C	D	U
3		2
×		
	0	6

PROBLEMAS

1) Daniel comprou um celular em 9 parcelas de 110 reais. Quanto ele pagou no celular?

_____

2) Ruth tem 5 cédulas de 20 reais e quer comprar uma camisa que custa 90 reais. Quanto ela vai receber de troco?

_____

3) Ricardo comprou 3 ingressos para o circo por 23 reais cada um e pagou com uma nota de 50 reais e uma nota de 20 reais. Ele recebeu algum troco?

_____

4) Lucas está guardando dinheiro para comprar uma bola que custa 25 reais. Veja as notas que ele juntou.

Quantos reais faltam para Lucas comprar a bola?

_____

Multiplicação com três fatores

Lucila precisava comprar copos e ela gostou do modelo abaixo.

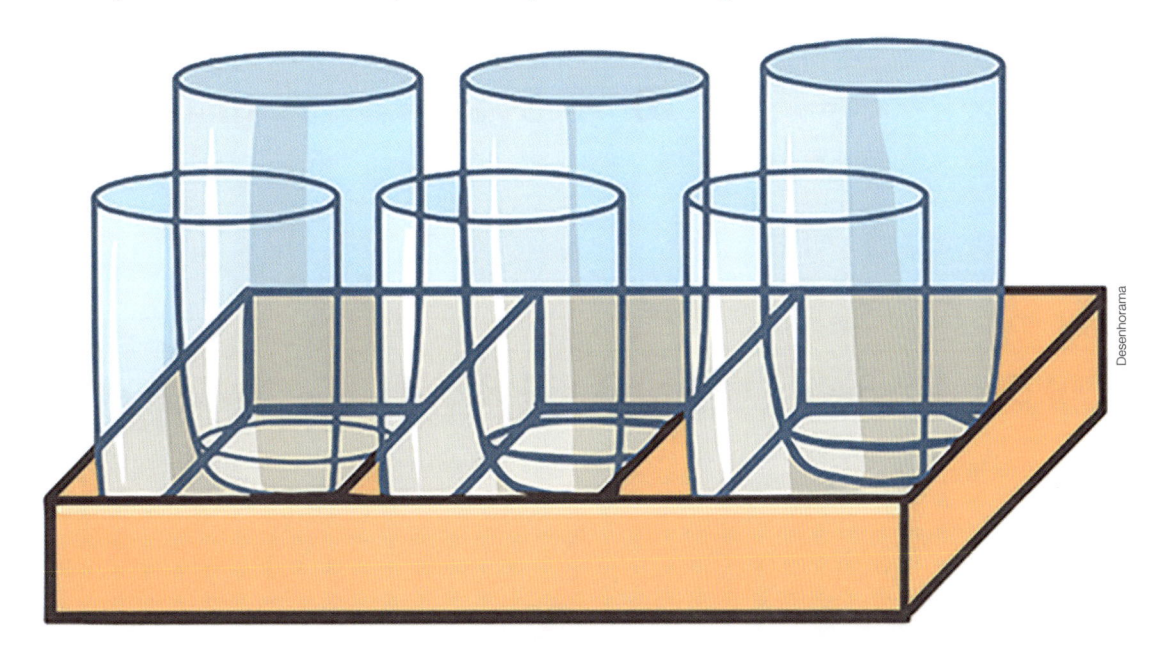

Ela comprou 4 caixas de copos. Veja que cada caixa tem 2 fileiras de 3 copos.

Quantos copos ela comprou ao todo?

Observe como podemos fazer os cálculos para responder a essa questão:

$$4 \times (2 \times 3) = 4 \times 6 = 24$$

ou

$$(4 \times 2) \times 3 = 8 \times 3 = 24$$

Portanto, Lucila comprou 24 copos.

Perceba que podemos calcular $4 \times 2 \times 3$ de duas maneiras diferentes, sem alterar o resultado.

ATIVIDADES

1) Resolva as multiplicações a seguir.

a) 3 × 2 × 3 =

b) 5 × 4 × 3 =

c) 3 × 5 × 4 =

d) 7 × 3 × 2 =

e) 3 × 4 × 5 =

f) 6 × 3 × 2 =

g) 4 × 4 × 3 =

h) 7 × 4 × 5 =

i) 2 × 5 × 7 =

PESQUISANDO

1) Pegue a nota de uma compra de supermercado e verifique como é feito o cálculo do preço dos produtos que foram comprados em mais de uma unidade. Anote suas observações.

_____
_____
_____
_____

Multiplicação com reserva

Acompanhe os exemplos a seguir.

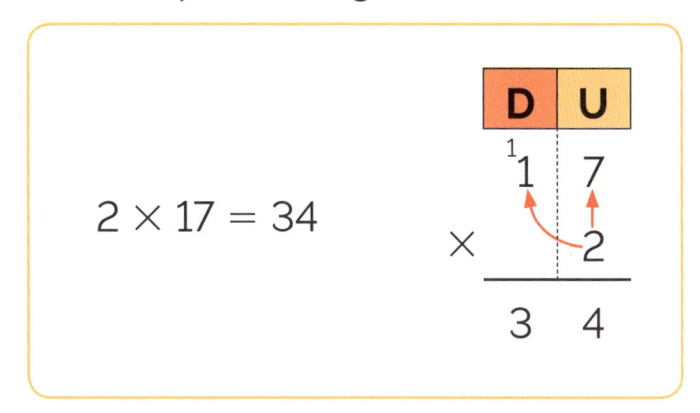

$2 \times 17 = 34$

	D	U
	¹1	7
×		2
	3	4

Observe que, ao multiplicarmos 2 por 7, obtemos 14 unidades; assim, trocamos 10 unidades por 1 dezena, que colocamos na casa das dezenas, e as 4 unidades que sobraram ficam na casa das unidades. Em seguida, somamos a dezena formada ao resultado da multiplicação de 2 por 1. Assim, obtemos 3 dezenas.

Dessa maneira, se comprarmos 2 cadernos que custam 17 reais cada, pagaremos 34 reais pela compra.

R$ 17,00

O mesmo processo é feito em multiplicações com centenas, quando 10 dezenas são trocadas por uma centena. Acompanhe:

$3 \times 156 = 468$

	C	D	U
	¹1	¹5	6
×			3
	4	6	8

97

ATIVIDADES

1 Arme e efetue as multiplicações a seguir.

a) 4 × 156 =

e) 6 × 103 =

b) 5 × 89 =

f) 5 × 159 =

c) 3 × 239 =

g) 4 × 208 =

d) 2 × 459 =

h) 2 × 407 =

2 Observe a caixa de garrafas de água ao lado.

a) Escreva uma multiplicação que represente a quantidade de garrafas de água dessa caixa.

b) Quantas garrafas há nessa caixa?

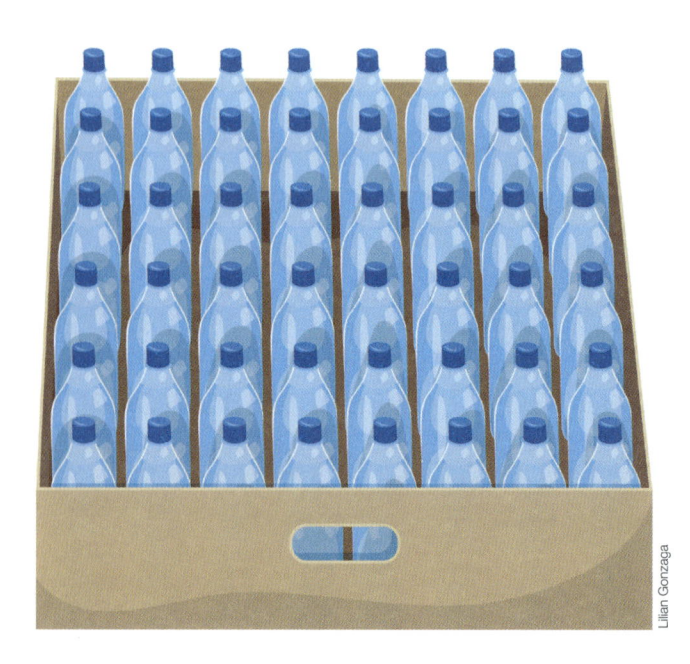

c) Quantas garrafas haverá em 5 caixas iguais a essa?

3 Faça as multiplicações conforme o modelo.

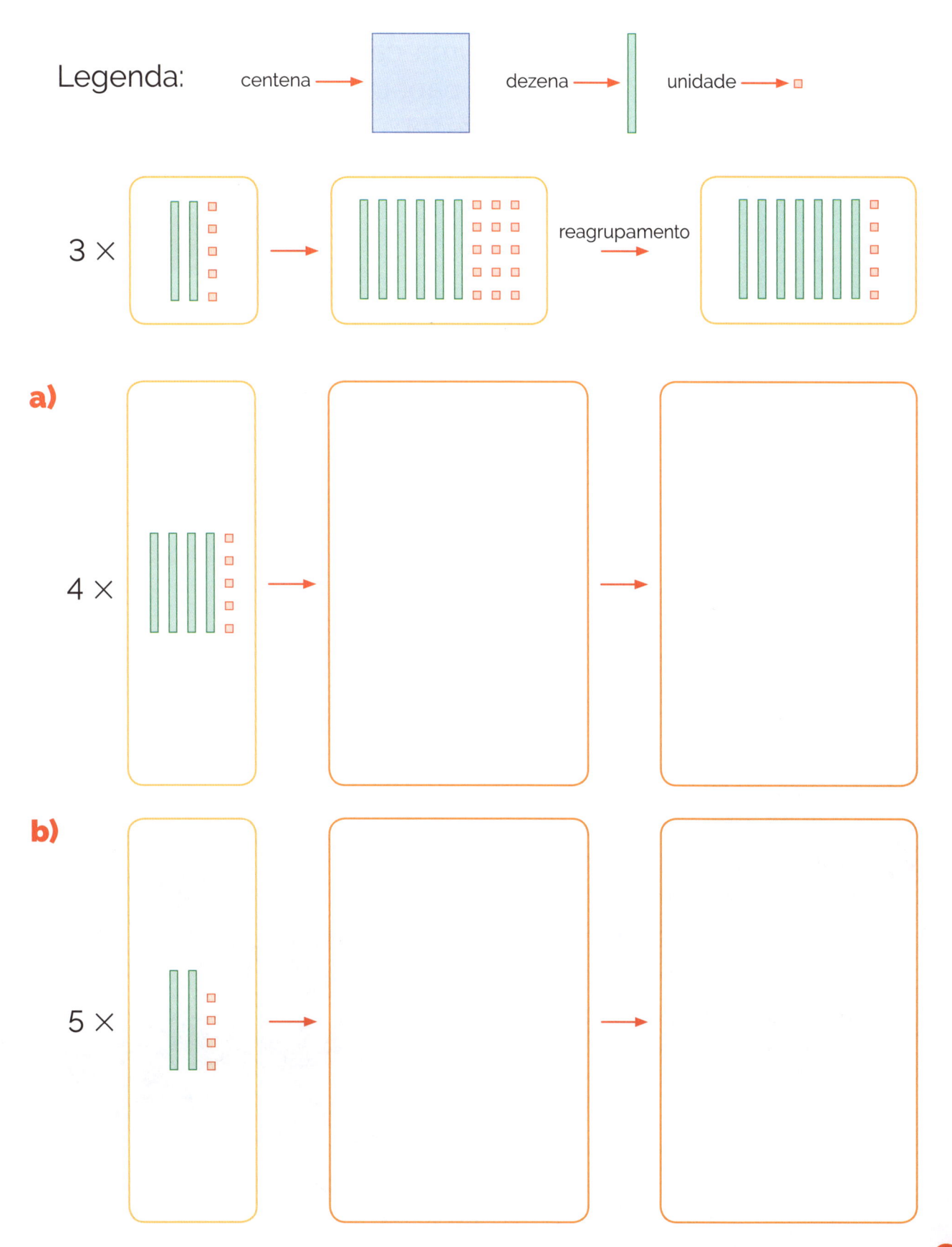

Legenda: centena → ▢   dezena → │   unidade → ▫

3 ×

reagrupamento

a) 4 ×

b) 5 ×

PROBLEMAS

1 Neste mês, Lucas recebeu uma caixa com 125 lápis para vender na papelaria da escola. No mês passado, recebeu 3 vezes mais. Quantos lápis ele recebeu no mês passado?

2 Carlos coleciona carrinhos. Para organizar sua coleção, ele colocou 24 carrinhos em cada uma das 6 prateleiras de seu quarto. Quantos carrinhos ele organizou ao todo?

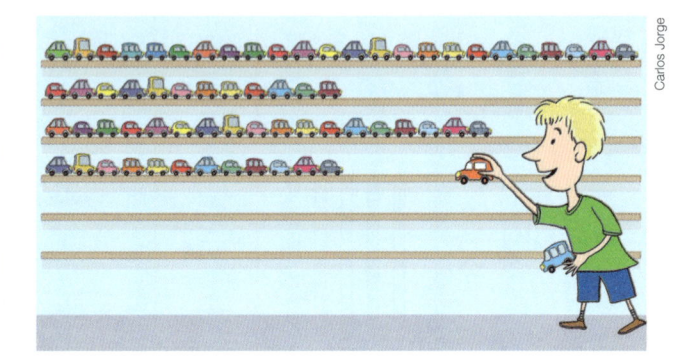

3 Gláucia contou os gibis que coleciona. Por enquanto, já são 78, mas em seu baú há lugar para 4 vezes essa quantidade. Quantos gibis cabem no baú de Gláucia?

Multiplicação com dois algarismos no multiplicador

Observe o exemplo.

	C	D	U	
		2	1	→ multiplicando
×		1	4	→ multiplicador
		8	4	
+	2	1	0	
	2	9	4	→ produto

No multiplicador há 4 unidades e 1 dezena. Assim, primeiro multiplicamos 4 por 21, que resulta em 84. Depois, multiplicamos 10 por 21, que resulta em 210, e, finalmente, somamos 84 com 210, obtendo assim o resultado: 294.

ATIVIDADES

1 Efetue as multiplicações a seguir.

a) 28 × 23

b) 76 × 13

c) 36 × 25

d) 42 × 22

e) 43 × 23

f) 51 × 17

g) 52 × 18

h) 54 × 16

i) 39 × 22

j) 33 × 25

PROBLEMAS

1 No hortifrúti, Marcela é responsável pela organização das frutas. Para expor as bananas para venda, ela as organiza em pencas com uma dúzia cada. Hoje ela expôs 45 pencas de bananas. Quantas bananas estavam expostas para venda?

---

2 Gilmar é quem organiza os ovos no hortifrúti. Ele organiza os ovos em 3 tipos de bandeja: com meia dúzia, com uma dúzia e com duas dúzias e meia.

Hoje ele preparou as seguintes quantidades de bandejas de ovos:
- 20 bandejas de meia dúzia;
- 25 bandejas de uma dúzia;
- 15 bandejas de duas dúzias e meia.

De quantos ovos Gilmar precisou, no total, para fazer essa organização?

Multiplicação por 10 e por 100

Observe as compras que Thiago fez para sua festa de aniversário.

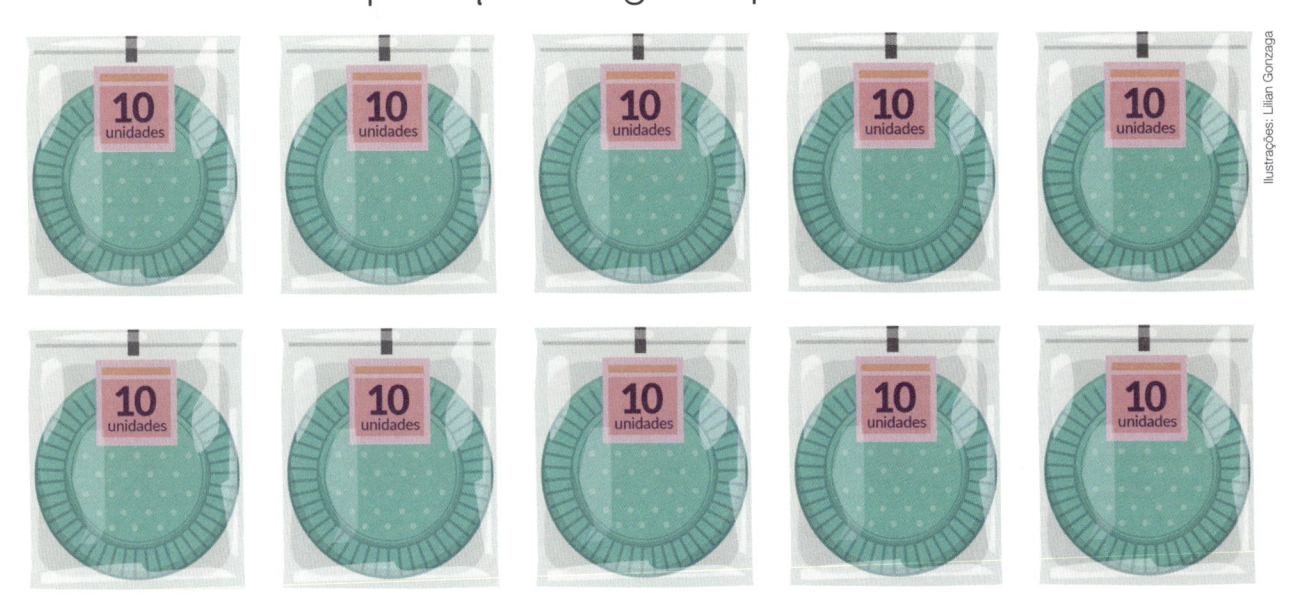

5 + 5 + 5 + 5 + 5 + 5 + 5 + 5 + 5 + 5 = 50   ou   10 × 5 = 50

> Ao multiplicarmos um número por **10**, acrescentamos **um zero** à direita do número multiplicado.

Agora, observe o que ocorre quando multiplicamos um número por 100.

100 × 4 = 400

> Ao multiplicarmos um número por **100**, acrescentamos **dois zeros** à direita do número multiplicado.

ATIVIDADES

1 Ligue as multiplicações por 10 a seus resultados.

| 10 × 5 | 10 × 9 | 10 × 10 | 10 × 18 | 10 × 78 |

| 100 | 50 | 90 | 780 | 180 |

2 Agora, ligue as multiplicações por 100 a seus resultados.

| 100 × 6 | 100 × 8 | 100 × 4 | 100 × 5 | 100 × 3 |

| 800 | 400 | 500 | 600 | 300 |

PROBLEMAS

1 Fabiana tem 10 caixas com 8 borrachinhas perfumadas em cada uma. Ela deu 15 borrachinhas para Paula e 13 para Samanta. Com quantas borrachinhas Fabiana ficou?

2 Selma marcou 150 pontos no *video game*. Maria marcou 100 vezes mais pontos do que Selma. Quantos pontos Maria marcou?

Dobro

Numa prova de Matemática, Álvaro tirou nota 4 e Rômulo tirou o dobro. Que nota Rômulo tirou?

Para responder a essa pergunta, fazemos:

4 + 4 = **2** × 4 = 8

> Para calcular o **dobro** de um número, basta multiplicar esse número por **2** (**dois**). Dobrar é somar a mesma quantidade **duas vezes**.

O dobro de 4 é 2 × 4 = 8.
Portanto, Rômulo tirou nota 8 na prova de Matemática.

ATIVIDADES

1 Pinte o casco da tartaruga conforme a legenda.

- 🟢 : o dobro de 9;
  o dobro de 210.
- 🔴 : o dobro de 87;
  o dobro de 145.
- 🔵 : o dobro de 71;
  o dobro de 64.
- 🟡 : o dobro de 275;
  o dobro de 305.

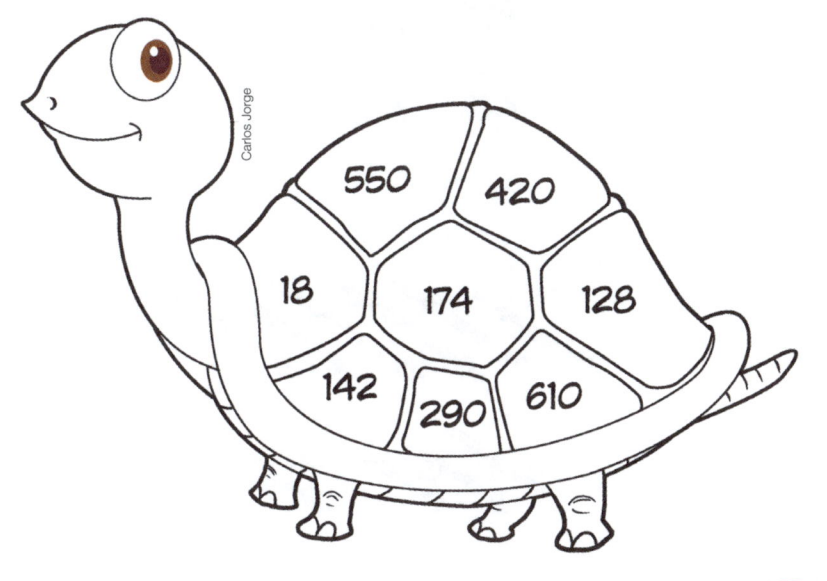

Números no casco: 550, 420, 18, 174, 128, 142, 290, 610.

2 Ligue cada número da coluna da esquerda com o seu dobro na coluna da direita.

37	72
42	178
15	136
68	30
89	84
36	74

3 Desenhe nos quadros o dobro da quantidade dos itens abaixo.

a)

b)

PROBLEMAS

1 Na apresentação de hoje da Companhia de Teatro foram vendidos 60 ingressos. Para a apresentação que acontecerá amanhã já foi vendido o dobro de ingressos da apresentação de hoje. Quantos ingressos foram vendidos para a apresentação de amanhã?

---

2 A sala de teatro do Shopping da Cidade tem 132 poltronas. E a sala de cinema tem o dobro de poltronas da sala de teatro. Há quantas poltronas na sala de cinema?

---

3 Na praça de alimentação do Shopping da Cidade há 32 mesas com 4 cadeiras cada. E na praça de alimentação do Shopping Central há o dobro de cadeiras do Shopping da Cidade. Quantas cadeiras há na praça de alimentação do Shopping Central?

4 Luciana leu um livro inteiro em dois dias. Ela leu 29 páginas em um dia e o dobro de páginas no dia seguinte. Quantas páginas tem o livro que ela leu?

_____

5 Fernando tem uma coleção com 150 carrinhos, que é o dobro de carrinhos da coleção de Douglas. Quantos carrinhos os dois têm juntos?

_____

6 No estacionamento de Pedro cabem 32 veículos. No estacionamento de Marcos cabe o dobro de veículos. Quantos veículos cabem ao todo nos dois estacionamentos?

_____

7 Melina fez 36 ímãs de geladeira e Verônica fez o dobro dos ímãs de Melina. Calcule quantos ímãs as duas fizeram juntas.

_____

Triplo

Raquel faz caminhadas em uma praça. Às segundas, quartas e sextas, ela dá 4 voltas em torno da praça. Às terças e quintas, ela faz o triplo de voltas.

Quantas voltas Raquel dá em torno da praça às terças e quintas?

Para responder a essa pergunta fazemos:

$$4 + 4 + 4 = 3 \times 4 = 12$$

> Para calcular o **triplo** de um número, basta multiplicar esse número por **3 (três)**. Triplicar é somar a mesma quantidade **três vezes**.

O triplo de 4 é 3 × 4 = 12.
Raquel dá 12 voltas em torno da praça às terças e quintas.

ATIVIDADES

1 Calcule o triplo dos números a seguir.

- a) 9 _____
- b) 8 _____
- c) 15 _____
- d) 42 _____
- e) 62 _____
- f) 80 _____
- g) 14 _____
- h) 27 _____
- i) 54 _____
- j) 45 _____
- k) 76 _____
- l) 36 _____
- m) 38 _____
- n) 90 _____
- o) 85 _____

2 Ligue cada quadro da esquerda com seu triplo à direita.

a) 13   150

b) 15   45

c) 8   39

d) 50   24

3 Responda:

a) Qual número é maior: o dobro ou o triplo de 18?
_____

b) O triplo de 7 é um número par ou ímpar?
_____

c) Qual é a soma do triplo de 2 com o triplo de 3?
_____

d) Que número é 3 vezes maior que 9?
_____

e) Qual é o triplo de 3 dezenas?
_____

4 Descubra em qual número Roberta está pensando e complete a frase.

Roberta está pensando no número _____ .

_____
_____

O TRIPLO DESSE NÚMERO É IGUAL AO TRIPLO DE 18 DIVIDIDO POR 2. QUE NÚMERO É ESSE?

PROBLEMAS

1 Maurício ganhou 36 reais em vendas e Cláudio conseguiu ganhar o triplo. Quantos reais os dois ganharam juntos?

___

2 Luana tem 3 dezenas e meia de revistas e Celina tem o triplo. Se elas juntarem as revistas, quantas terão ao todo?

___

3 Angélica doou 5 pacotes de arroz para uma campanha beneficente. Marina doou o triplo. Quantos pacotes de arroz Marina doou?

___

4 Em uma caixa há 3 dezenas de gizes e, em outra, há o triplo. A turma de Alberto usou 48 gizes durante uma atividade. Quantos gizes sobraram nas caixas?

___

Dúzia

Lizandra comprou uma cartela com uma dúzia de elásticos de cabelo.

Dúzia é o nome dado a um grupo ou coleção com **12 unidades**.

uma dúzia = 12 unidades

Lizandra deu meia dúzia de elásticos para sua irmã Luzia. Veja:

meia dúzia = 6 unidades

Se juntarmos uma dúzia de elásticos com 6 elásticos, teremos:

18 elásticos, ou **uma dúzia e meia** de elásticos.

18 = 12 + 6 ⟶ uma dúzia e meia

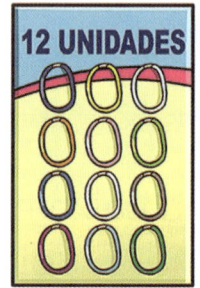

Em 2 pacotes de elásticos de cabelo com 12 elásticos em cada pacote há **2 dúzias** de elásticos.

24 = 12 + 12 ⟶ 1 dúzia + 1 dúzia = 2 dúzias

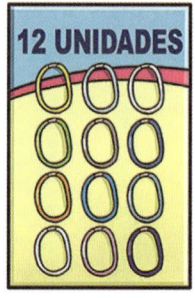

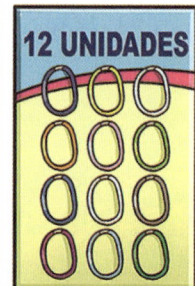

ATIVIDADES

1 O posto de saúde da cidade de Jupira fez uma campanha de vacinação para crianças de 5 a 10 anos em um fim de semana. No sábado foram vacinadas 6 dúzias e meia de crianças e no domingo foram vacinadas 10 dúzias de crianças. Calcule a seguir o que se pede.

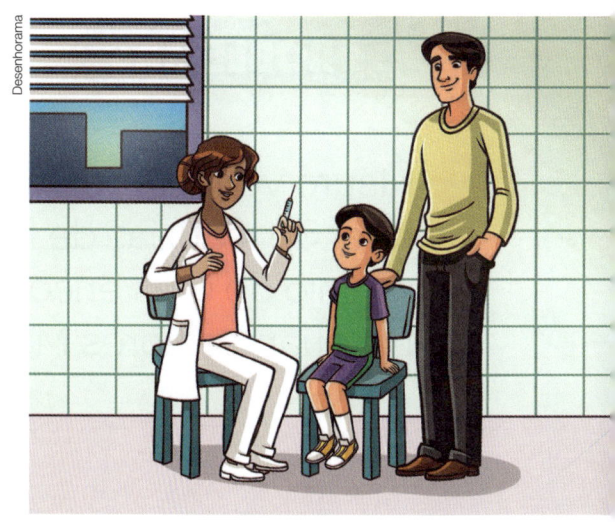

a) Quantas crianças foram vacinadas no sábado?

_____

b) Quantas crianças foram vacinadas no domingo?

_____

c) Quantas crianças foram vacinadas durante a campanha?

_____

2 Quantas dúzias há nos números a seguir?

a) 126 _____

b) 60 _____

c) 102 _____

3 Quantas unidades há em:

a) 9 dúzias? _____

b) 15 dúzias? _____

c) 7 dúzias? _____

PROBLEMAS

1 Mauro vende arranjos de flores e vai precisar de 4 dúzias de flores para fazer cada arranjo de uma encomenda de 5 arranjos. De quantas flores Mauro precisa?

_____

2 Dona Nair fez duas receitas de quindim para a sobremesa de domingo. Cada receita rende uma dúzia e meia de quindins. Quantos quindins Dona Nair preparou?

_____

3 Luiza comprou 3 caixas de lápis de cor com duas dúzias de lápis em cada uma. Quantas caixas de lápis de cor Luiza precisa comprar para ficar com 96 lápis?

_____

4 Míriam tem uma confecção de camisetas e estava com 120 camisetas no estoque. Ela vendeu 4 dúzias de camisetas para um lojista e 2 dúzias e meia para outro. Quantas camisetas ainda estão no estoque de Míriam?

_____

UNIDADE 6

DIVISÃO

Tiago e seus três amigos pediram uma *pizza* e querem dividi-la em 8 pedaços igualmente.

Quantos pedaços de *pizza* cada um receberá?

Quando queremos repartir ou distribuir algo em partes iguais, fazemos uma **divisão**.

$$8 \div 4 = 2$$

O sinal da divisão é o ÷, que significa **dividido por**.

A divisão é representada das seguintes maneiras:

$8 \div 4 = 2$ ou

dividendo ← 8 | 4 → divisor
resto ← 0   2 → quociente

Os termos da divisão são:

- **dividendo** – quantidade que está sendo dividida;
- **divisor** – número de partes pelo qual se divide;
- **quociente** – resultado da divisão;
- **resto** – sobra da divisão.

Divisão exata

Alípio quer guardar **15** lâmpadas em **3** caixas, de modo que cada caixa fique com a mesma quantidade de lâmpadas.

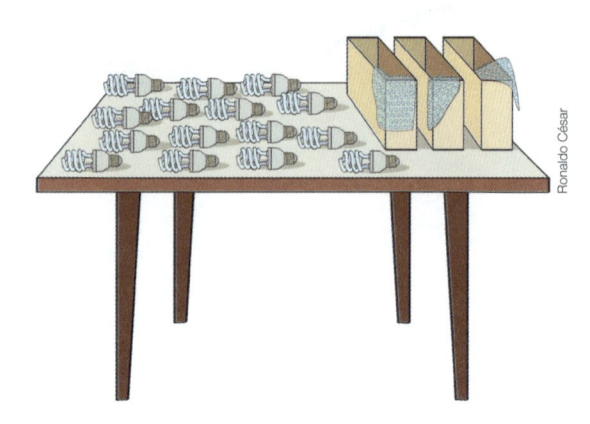

Quantas lâmpadas ficarão em cada caixa?

Fazemos assim:

processo longo

$$\begin{array}{r|l} 15 & 3 \\ -15 & 5 \\ \hline 0 & \end{array}$$

processo breve

$15 \div 3 = 5$ ou $\begin{array}{r|l} 15 & 3 \\ 0 & 5 \end{array}$

$15 \div 3 = 5$ porque $5 \times 3 = 15$ e de 15 para 15 falta 0

Cada caixa ficará com 5 lâmpadas. Fizemos uma **divisão exata**.

Divisão exata é a divisão com **resto igual a zero**.

Podemos verificar se a divisão exata está correta utilizando a operação inversa: a multiplicação.

Multiplicamos o quociente pelo divisor e, assim, encontramos o dividendo.

$15 \div 3 = 5$ então: $5 \times 3 = 15$

- 15 → dividendo
- 3 → divisor
- 5 → quociente

ATIVIDADES

1) Efetue as divisões a seguir pelo **processo longo**.

a) 4 | 2   d) 8 | 4   g) 9 | 3   j) 10 | 2   m) 16 | 4

b) 6 | 3   e) 21 | 3   h) 28 | 4   k) 25 | 5   n) 28 | 7

c) 36 | 4   f) 45 | 5   i) 32 | 4   l) 36 | 6   o) 45 | 9

2) Ligue cada divisão a seu resultado.

a) 18 ÷ 3

b) 14 ÷ 2

c) 25 ÷ 5

d) 27 ÷ 9

e) 16 ÷ 4

5

6

7

4

3

3 Efetue a divisão e indique o nome dos termos.

```
  _____        ← 40 | 5 →        _____
  _____        ←  0 |☐  →        _____
```

> Veja como podemos representar a divisão em uma **reta numérica**:
>
> $15 \div 3 = 5$

4 Resolva as divisões a seguir e represente-as na reta numérica.

a) $8 \div 2 =$ _____

b) $9 \div 3 =$ _____

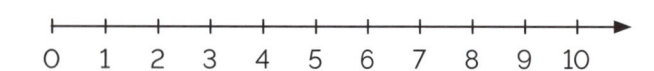

c) $16 \div 4 =$ _____

d) $21 \div 7 =$ _____

Divisão não exata

Quero distribuir **9** carrinhos entre **2** crianças, de modo que as duas recebam a mesma quantidade. Quantos carrinhos receberá cada criança?

processo longo   processo breve

$$\begin{array}{r|l} 9 & 2 \\ -8 & 4 \\ \hline 1 & \end{array}$$ ou $$\begin{array}{r|l} 9 & 2 \\ 1 & 4 \end{array}$$

resto ← 1   resto ← 1

$9 \div 2 = 4$ e resto 1 porque $4 \times 2 = 8$ e de 8 para 9 falta 1

Você observou que cada criança receberá **4** carrinhos e ainda sobrará **1** carrinho?

> Quando a divisão deixa **resto diferente de zero**, ela é uma **divisão não exata**.
> O resto é sempre menor que o divisor.

processo longo   processo breve

$$\begin{array}{r|l} 16 & 3 \\ -15 & 5 \\ \hline 1 & \end{array}$$ ou $$\begin{array}{r|l} 16 & 3 \\ 15 & \end{array}$$

resto ← 1   → resto

$5 \times 3 = 15$, de 15 para 16 falta 1

ATIVIDADES

1 Arme a divisão, encontre o quociente e represente a operação utilizando os cubinhos do Material Dourado. Siga o modelo abaixo e registre tudo no caderno.

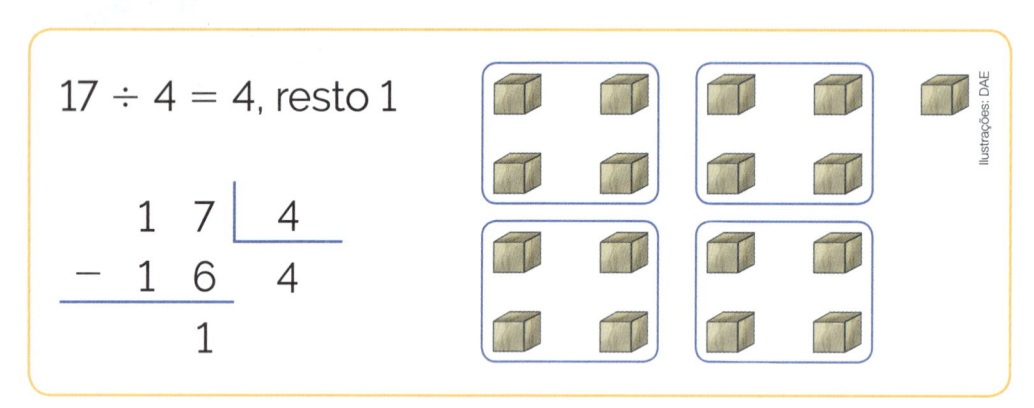

$17 \div 4 = 4$, resto 1

```
  1 7 | 4
-   1 6 | 4
        1
```

a) $27 \div 5 =$ _____

b) $15 \div 4 =$ _____

c) $23 \div 4 =$ _____

d) $13 \div 6 =$ _____

e) $37 \div 5 =$ _____

f) $42 \div 7 =$ _____

2 Efetue as divisões a seguir pelo processo longo.

a) 5 | 2   **b)** 1 9 | 4   **c)** 1 7 | 4   **d)** 2 6 | 4   **e)** 3 6 | 5

3 Pelo processo breve, resolva as divisões e contorne as não exatas.

a) 1 1 | 2   **b)** 2 5 | 5   **c)** 1 9 | 2   **d)** 2 1 | 6   **e)** 4 0 | 8

Ideias da divisão

Quantas vezes cabem?

Se, em uma sala de aula, há 24 alunos e a professora quer formar grupos de 4 alunos, quantos grupos podem ser formados?

Para responder a essa pergunta, devemos fazer a divisão:

$$24 \div 4 = 6, \text{ pois } 4 \times 6 = 24$$

Portanto, podem ser formados **6** grupos.

Repartir igualmente

Viviane quer dividir 20 gizes de cera entre 5 crianças, de modo que todas elas recebam a mesma quantidade. Quantos gizes ela deve dar a cada criança?

Para responder a essa pergunta, devemos fazer a divisão:

$$20 \div 5 = 4, \text{ pois } 5 \times 4 = 20$$

Assim, cada criança receberá **4** gizes.

PROBLEMAS

1 Marielle quer organizar 37 livros em 3 prateleiras e, em cada prateleira, colocar a mesma quantidade de livros. É possível organizar esses livros pondo quantidades iguais em cada prateleira? Justifique sua resposta.

2 A professora Lucimara pediu às crianças que organizassem 30 brinquedos da brinquedoteca em 5 caixas e que, em cada caixa, deveria haver a mesma quantidade de brinquedos. Quantos brinquedos as crianças colocaram em cada caixa?

3 Marcos comprou 35 bombons e quer organizá-los em caixas com 6 unidades cada uma. De quantas caixas ele vai precisar? Sobrarão bombons?

4 Júlia quer arrumar 56 sanduíches em 7 bandejas iguais. Quantos sanduíches ela deverá colocar em cada bandeja?

Divisão de dezenas com um algarismo no divisor

Vamos dividir utilizando o Material Dourado.

Para calcular 63 ÷ 3, você só precisa fazer 3 grupos com a mesma quantidade de peças.

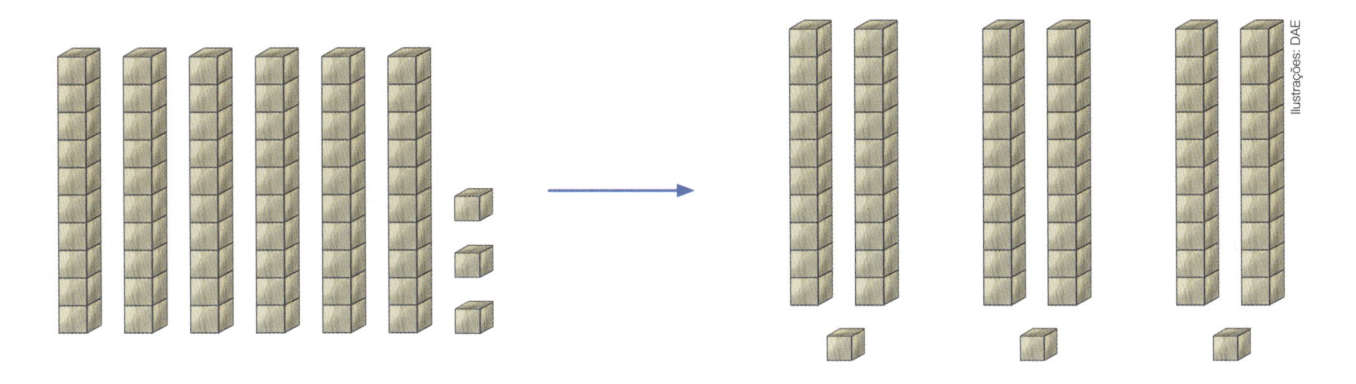

Agora vamos resolver utilizando os processos.

processo longo

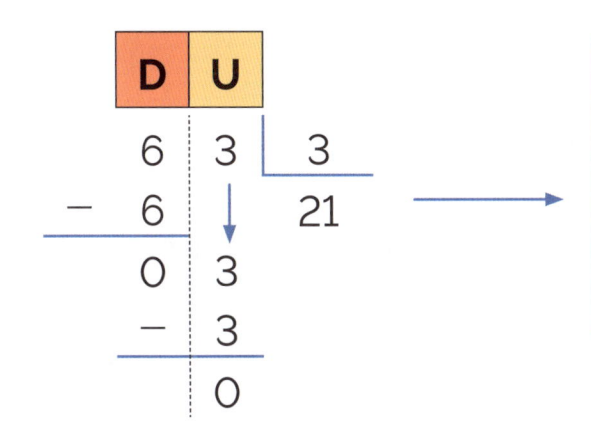

D	U	
6	3	3
−6		21
0	3	
	−3	
	0	

1. Dividimos as **dezenas**:
   6 ÷ 3 = 2, porque 2 × 3 = 6
   De 6 dezenas para 6 dezenas, falta 0 dezena.
   Não sobra nenhuma dezena.

processo breve

6 3 | 3
0 3   21
   0

2. Dividimos as **unidades**:
   3 ÷ 3 = 1, porque 1 × 3 = 3
   De 3 unidades para 3 unidades, falta 0 unidade.
   Não sobra nenhuma unidade.
   Portanto, 63 ÷ 3 = 21.

Vamos agora fazer a divisão 57 ÷ 2.

1. Veja a representação do número 57 com o Material Dourado:

4. Agora dividimos as 17 unidades em 2 grupos com a mesma quantidade de peças.

Obtemos 2 grupos com 8 unidades em cada um, e resta 1 unidade.

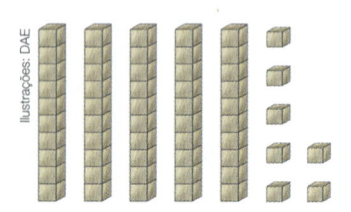

2. Primeiro, dividimos as dezenas em 2 grupos com a mesma quantidade de peças.

5. Resultado:

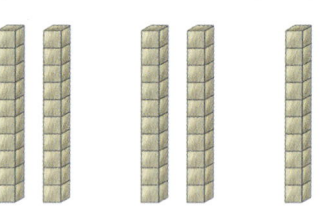

3. Obtemos 2 grupos com 2 dezenas em cada um e resta uma dezena. Essa dezena deve ser transformada em 10 unidades, que serão somadas com as 7 unidades, totalizando 17 unidades.

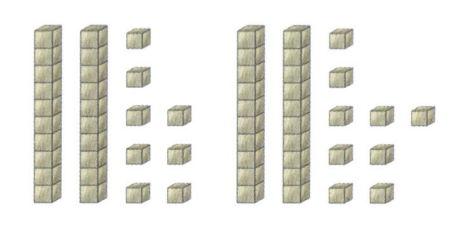

Agora vamos resolver usando os processos.

processo longo

D	U	
5	7	2
−4		28
1	7	
−1	6	
	1	

ou

processo breve

5	7	2
1	7	28
	1	

1. Dividimos as **dezenas**:

   Na divisão 5 ÷ 2 = 2, escrevemos 2 no quociente, porque 2 × 2 = 4.

   De 4 dezenas para 5 dezenas, falta 1 dezena.

2. Somamos o resto das dezenas com as unidades:

   1 dezena + 7 unidades = 17 unidades

3. Dividimos as unidades:

   Na divisão 17 ÷ 2, escrevemos 8 no quociente, porque 2 × 8 = 16.

   De 16 unidades para 17 unidades, falta 1 unidade.

   Portanto, 57 ÷ 2 tem como quociente 28 e resto igual a 1 unidade.

ATIVIDADES

1) Mostre que você aprendeu. Efetue, pelo processo breve, as divisões a seguir.

a) 4 3 | 2

b) 5 7 | 4

c) 6 4 | 3

d) 7 6 | 2

e) 9 4 | 5

f) 8 7 | 3

g) 8 3 | 3

h) 5 4 | 4

2 Pinte as divisões de acordo com as legendas a seguir.

🔴 resto 0   🔵 resto 1   🟢 resto 2   🟡 resto 3

| 47 ÷ 2 | 27 ÷ 5 | 12 ÷ 6 | 38 ÷ 4 |
| 64 ÷ 3 | 59 ÷ 8 | 17 ÷ 7 | 54 ÷ 9 |

3 Divida as peças do Material Dourado em 3 grupos com a mesma quantidade em cada um.

> Desenhe as peças em grupos e, depois, represente as quantidades em numerais.

Agora, responda: Quanto é 45 ÷ 3? _____

PROBLEMAS

1 Angélica vai precisar de 12 novelos de lã para fazer uma blusa. Cada pacote é vendido com 4 novelos. Quantos pacotes Angélica precisará comprar para fazer a blusa?

_____

2 Um grupo com 26 jovens decidiu se reunir para arrecadar alimentos e distribuí-los a pessoas necessitadas. Eles se organizaram em 2 grupos com quantidades iguais de integrantes: um para arrecadar e outro para entregar os alimentos. Quantos jovens fazem parte de cada grupo?

_____

3 Uma turma de 18 amigos resolveu formar 3 times para jogar queimada. Em cada time deve haver a mesma quantidade de jogadores. Quantos jogadores terá cada time?

_____

Divisão de centenas com um algarismo no divisor

processo longo

```
  2 8 4 | 2
- 2     | 142
  ↓
  0 8
  - 8
    ↓
    0 4
    - 4
      0
```

1. Dividimos as centenas:
   $2 \div 2 = 1$, porque $1 \times 2 = 2$
   De 2 centenas para 2 centenas, falta 0 centena.
2. Dividimos as dezenas:
   $8 \div 2 = 4$, porque $4 \times 2 = 8$
   De 8 dezenas para 8 dezenas, falta 0 dezena.
3. Dividimos as unidades:
   $4 \div 2 = 2$, porque $2 \times 2 = 4$
   De 4 unidades para 4 unidades, falta 0 unidade.
   Logo, $284 \div 2 = 142$.

processo breve

```
2 8 4 | 2
0 8   | 142
  0 4
    0
```

processo longo

```
  8 0 5 | 5
- 5     | 161
  ↓
  3 0
- 3 0
    ↓
    0 5
    - 5
      0
```

1. Dividimos as centenas:
   Na divisão $8 \div 5$, escrevemos 1 no quociente, porque $1 \times 5 = 5$.
   De 5 centenas para 8 centenas, faltam 3 centenas.
2. Somamos o resto das centenas às dezenas:
   3 centenas + 0 dezena = 30 dezenas
3. Dividimos as dezenas:
   $30 \div 5 = 6$, porque $6 \times 5 = 30$.
   De 30 dezenas para 30 dezenas, falta 0 dezena.
4. Dividimos as unidades:
   $5 \div 5 = 1$, porque $1 \times 5 = 5$.
   De 5 unidades para 5 unidades, falta 0 unidade.
   Logo, $805 \div 5 = 161$.

processo breve

```
8 0 5 | 5
3 0   | 161
  0 5
    0
```

ATIVIDADES

1 Efetue as divisões a seguir pelo processo longo.

a) 8 7 6 | 2

c) 8 3 5 | 5

e) 6 4 8 | 4

g) 9 9 4 | 7

b) 8 7 5 | 7

d) 8 9 6 | 8

f) 8 6 4 | 2

h) 8 8 5 | 5

2 Arme e efetue as divisões pelo processo breve.

a) 213 ÷ 3 = _____

d) 129 ÷ 3 = _____

g) 276 ÷ 3 = _____

b) 284 ÷ 4 = _____

e) 248 ÷ 8 = _____

h) 217 ÷ 7 = _____

c) 186 ÷ 2 = _____

f) 168 ÷ 4 = _____

i) 246 ÷ 6 = _____

3 Pinte de 🟢 as divisões com resultado correto e de 🟠 as divisões com resultado incorreto.

| 595 ÷ 5 = 119 | 840 ÷ 4 = 210 | 996 ÷ 3 = 331 |
| 749 ÷ 7 = 107 | 954 ÷ 3 = 312 | 816 ÷ 8 = 120 |

Observe com atenção a divisão abaixo:

processo longo

```
  6 1 4 | 2
- 6     | 307
  ─────
  0 1 4
  - 1 4
  ─────
      0
```

ou

processo breve

```
6 1 4 | 2
0 1 4   307
    0
```

1. Dividimos as centenas:
   6 ÷ 2 = 3, porque 3 × 2 = 6.
   De 6 centenas para 6 centenas, falta 0 centena.
2. Ao tentar dividir as dezenas, verifique que, na divisão de 1 por 2, devemos escrever 0 no quociente e 1 no resto, pois, fazendo a operação inversa, temos 0 × 2 + 1 = 1.
3. Somamos o resto da dezena às unidades:
   1 dezena + 4 unidades = 14 unidades
4. Dividimos as unidades:
   14 ÷ 2 = 7, porque 7 × 2 = 14.
   De 14 unidades para 14 unidades, falta 0 unidade.
   Logo, 614 ÷ 2 = 307.

> Toda vez que não for possível dividir um número por outro, coloque **um zero no quociente** e continue a divisão.

4 Arme as divisões a seguir e descubra o quociente pelo processo que achar melhor.

a) 436 ÷ 4 = _____   c) 327 ÷ 3 = _____   e) 707 ÷ 7 = _____

b) 624 ÷ 3 = _____   d) 254 ÷ 2 = _____   f) 236 ÷ 2 = _____

5 Efetue as multiplicações e as divisões para completar a sequência.

15 →×3→ _____ →÷5→ _____ →×7→ _____ →×6→ _____ →÷9→ _____ →÷6→ _____

BRINCANDO

1 Vamos jogar "Some o resto"?

Material: um dado e 20 cartões; cada cartão com um número diferente de 6 a 99.

Participantes: 2 jogadores.

Como jogar

O objetivo do jogo é somar o resto das divisões realizadas em cada jogada.

Para isso, o jogador deverá pegar um cartão, observar o número e jogar o dado. Ele deve, então, fazer a divisão do número do cartão pelo número obtido no dado e verificar se há ou não resto. Se a divisão não tiver resto, o jogador não soma pontos nessa rodada.

Ganha o jogador que somar mais pontos dos restos decorrentes das divisões.

Verificação da divisão

Maria Clara quer comprar um par de chinelos que custa 63 reais e pensou em parcelar em 3 vezes. Ela fez uma divisão para saber o valor das parcelas e, depois, quis verificar se havia calculado corretamente.

Veja como ela pensou: 63 ÷ 3 = 21, pois 21 × 3 = 63.

Para verificarmos se o resultado de uma divisão está correto, devemos fazer a operação inversa da divisão: a multiplicação.

Exemplos:

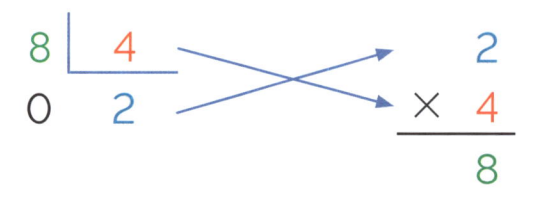

> Quando a **divisão é exata**, multiplicamos o quociente pelo divisor e encontramos o dividendo.

> Quando a **divisão não é exata**, multiplicamos o quociente pelo divisor, somamos o resto ao produto e encontramos o dividendo.

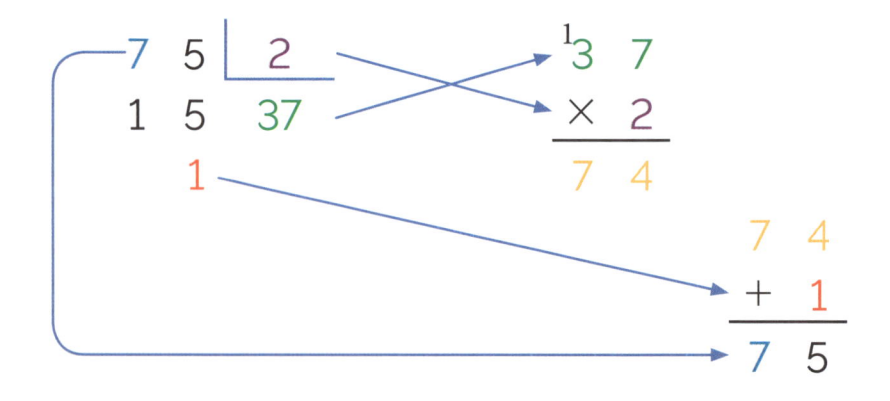

ATIVIDADES

1 Efetue as divisões e depois verifique se elas estão corretas.

a) 8 4 | 2   **d)** 4 4 | 4   **g)** 6 7 | 3   **j)** 9 2 | 5

b) 4 6 | 2   **e)** 8 7 | 2   **h)** 7 6 | 4   **k)** 8 4 | 6

c) 9 6 | 3   **f)** 9 8 | 7   **i)** 9 5 | 5   **l)** 5 4 | 3

2 Agora, efetue as divisões pelo processo longo e verifique se elas estão corretas.

a) 1 3 5 | 6   b) 9 2 6 | 7   c) 3 6 9 | 3

3 Arme e efetue as divisões. Depois, verifique o resultado usando a operação inversa.

a) 426 ÷ 3 = _____   c) 625 ÷ 3 = _____   e) 356 ÷ 3 = _____

b) 573 ÷ 5 = _____   d) 752 ÷ 4 = _____   f) 854 ÷ 7 = _____

PROBLEMAS

1 Reinaldo resolveu desmontar a árvore de Natal e dividir as 30 bolinhas em grupos com a mesma quantidade.

a) Marque um **X** nas possibilidades que Reinaldo tem de formar grupos sem sobra de bolinhas.

☐ grupos de 2 bolinhas ☐ grupos de 5 bolinhas

☐ grupos de 3 bolinhas ☐ grupos de 6 bolinhas

☐ grupos de 4 bolinhas

b) Agora, complete as frases com o número de grupos formados para cada quantidade escolhida.

- Agrupando-se de ____ em ____ bolinhas, são formados ____ grupos.

- Agrupando-se de ____ em ____ bolinhas, são formados ____ grupos.

- Agrupando-se de ____ em ____ bolinhas, são formados ____ grupos.

- Agrupando-se de ____ em ____ bolinhas, são formados ____ grupos.

2 Para presentear suas amigas, Marisa fez 160 biscoitos para dividir igualmente em 8 pacotes. Quantos biscoitos cada pacote terá?

_____

3 Lucas colheu 78 pés de brócolis e precisa organizá-los em 3 caixas para transportar até a feira. Se ele colocar quantidades iguais de brócolis em cada caixa, quantos brócolis haverá em cada uma?

_____

4 Isabela comprou um pacote com 25 velas para distribuir em castiçais. Em cada castiçal cabem 5 velas. De quantos castiçais ela vai precisar?

_____

5 Josiane quer distribuir igualmente, entre 4 colegas, 84 clipes coloridos. Quantos clipes cada colega receberá?

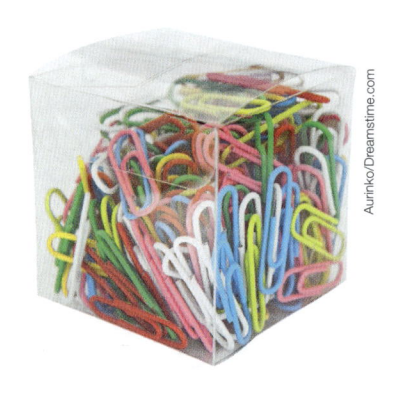

_____

6 Lucinha tem 120 adesivos distribuídos em 10 cartelas com a mesma quantidade. Quantos adesivos há em cada cartela?

_____

7 A escola Educar com Amor matriculou 81 crianças no 3º ano e organizou 3 turmas com a mesma quantidade de alunos. Com quantos alunos ficou cada turma?

_____

8 Manoel arrecadou brinquedos para doar na campanha do Dia da Criança. São 30 carrinhos, 17 jogos e 23 bonecas. Ele vai dividir o total de brinquedos entre 5 abrigos, de modo que todos recebam a mesma quantidade. Quantos brinquedos cada abrigo receberá?

_____

9 Há 160 biscoitos divididos igualmente em 8 pacotes. Qual será a quantidade total de biscoitos se juntarmos 9 desses pacotes?

_____

10 Olívia fez 96 balinhas de coco e as distribuiu em quantidades iguais em 6 saquinhos.

Quantas balinhas de coco Olívia colocou em cada saquinho?

_____

11 Fabiano quer dividir 192 flores em 6 arranjos, todos com a mesma quantidade de flores. Quantas flores terá cada arranjo?

_____

12 Bruna vai dividir 235 parafusos em 5 caixas. Em todas as caixas deve haver a mesma quantidade de parafusos. Quantos parafusos ela precisará colocar em cada caixa?

_____

UNIDADE 7
SISTEMA MONETÁRIO

Valor do termo desconhecido

Ricardo foi à feira comprar frutas e legumes. Ao finalizar a compra, entregou uma nota de 20 reais ao feirante, mas não perguntou o valor total da compra.

O feirante devolveu a Ricardo 4 reais de troco. Como saber o valor da compra?

valor desconhecido (valor da compra) + troco = valor pago

Representamos o valor desconhecido por ■ e montamos uma **sentença matemática**.

$$■ + 4 = 20$$

Essa sentença matemática pode ser lida da seguinte forma:

Qual é o número que, somado a quatro, é igual a vinte?

Para calcular o valor desconhecido, basta aplicar a **operação inversa**. Nesse exemplo, como a operação utilizada é a adição, aplicamos a subtração.

$$■ = 20 - 4 \qquad ■ = 16$$

Portanto, o valor da compra é 16 reais.

Observe outros exemplos de como encontrar o valor do termo desconhecido. Interprete as perguntas e verifique a resolução.

- Qual é o número que, somado a 8, é igual a 13?

    ☐ + 8 = 13

    ☐ = 13 − 8   →   Para resolver, é feita uma subtração (operação inversa da adição).

    ☐ = 5

- Qual é o número do qual, ao subtrairmos 3, encontramos o resultado 16?

    ☐ − 3 = 16

    ☐ = 16 + 3   →   Para resolver, é feita uma adição (operação inversa da subtração).

    ☐ = 19

- Qual é o número que, multiplicado por 4, é igual a 24?

    ☐ × 4 = 24

    ☐ = 24 ÷ 4   →   Para resolver, é feita uma divisão (operação inversa da multiplicação).

    ☐ = 6

- Qual é o número que, dividido por 9, é igual a 2?

    ☐ ÷ 9 = 2

    ☐ = 2 × 9   →   Para resolver, é feita uma multiplicação (operação inversa da divisão).

    ☐ = 18

ATIVIDADES

1 Calcule o termo desconhecido aplicando as operações inversas.

a) ☐ + 12 = 18

b) ☐ − 18 = 36

c) ☐ + 3 = 7

d) ☐ − 13 = 26

e) ☐ − 26 = 38

f) 36 + ☐ = 56

g) ☐ − 14 = 45

h) 5 × ☐ = 45

i) ☐ × 4 = 120

j) ☐ ÷ 8 = 42

k) 4 × ☐ = 88

l) ☐ ÷ 5 = 35

2 Calcule e responda às adivinhas.

a)

Um número somado a 36 é igual a 70. Que número é esse?

b)

Um número multiplicado por 7 é igual a 49. Que número é esse?

PROBLEMAS

1) Renan tem uma empresa produtora de chás de diversas ervas. Veja a produção diária de caixas de alguns desses chás e o valor pelo qual são vendidas.

Tipo de chá	Quantidade diária produzida	Valor unitário de venda
Chá de camomila	250	
Chá de hortelã	300	3 reais
Chá de erva-doce	200	

a) Quantas embalagens de chá são produzidas diariamente na empresa de Renan?

_____

b) Cecília, ao comprar 6 embalagens de chá de camomila e 3 de chá de hortelã, gastou 21 reais. Qual é o preço unitário do chá de camomila?

_____

c) Mirtes comprou 3 embalagens de chá de erva-doce e gastou 12 reais. Qual é o valor do chá de erva-doce?

_____

2 Lucas comprou óculos de sol e um boné. Os óculos custaram 89 reais. Ele gastou, no total, 137 reais. Quanto custou o boné?

_____

3 Lúcia comprou seis bolos para um evento com os funcionários de sua empresa. Ajude Lúcia a preencher a nota da compra.

Nota Fiscal — Delícia dos Bolos

Quantidade	Descrição	Preço unitário	Total
2	Bolo de cenoura		24 reais
3	Bolo de chocolate	15 reais	
1	Bolo de banana		

Total: 80 reais

4 Eduardo gastou 50 reais para comprar 2 fones de ouvido diferentes. O fone de ouvido mais barato custou 21 reais. Quanto custou o fone de ouvido mais caro?

_____

A moeda brasileira

A moeda que usamos no Brasil é o **real (R$)**. Com ela, compramos o que precisamos e fazemos pagamentos diversos.

Um centavo é a centésima parte de um real.

$$\frac{1 \text{ real}}{100} = 1 \text{ centavo}$$

O dinheiro circula na forma de moedas e cédulas. Os cartões de crédito e de débito e os cheques também podem ser utilizados para pagamentos.

Veja a seguir os valores das moedas e cédulas do real.

Fotos: Banco Central do Brasil

1 centavo
R$ 0,01

5 centavos
R$ 0,05

10 centavos
R$ 0,10

25 centavos
R$ 0,25

50 centavos
R$ 0,50

1 real
R$ 1,00

2 reais
R$ 2,00

20 reais
R$ 20,00

5 reais
R$ 5,00

50 reais
R$ 50,00

10 reais
R$ 10,00

100 reais
R$ 100,00

ATIVIDADES

1 Escreva por extenso os valores dos brinquedos a seguir.

R$ 49,90   R$ 68,00   R$ 20,50

robô – _____

palhaço – _____

ursinho – _____

2 Veja as notas e as moedas que cada criança ganhou de mesada e faça o que se pede.

Juliana	Rafael	Leonardo
20 + 20 + 1 + 0,50 + 0,25	50	20 + 10 + 5 + 5 + moedas

a) Qual é a quantia total de cada criança?

Juliana – _____ Rafael – _____ Leonardo – _____

b) Quem tem a maior quantia em reais? _____

c) Quem tem a menor quantia em reais? _____

3 Marque um **X** na opção correta.

a) Podemos trocar [cédula de 50 reais] por 5 cédulas de:

☐ [10 reais]   ☐ [20 reais]   ☐ [5 reais]

b) Podemos trocar [2 moedas de cobre] por 1 moeda de:

☐ [25 centavos]   ☐ [50 centavos]   ☐ [10 centavos]

c) Podemos trocar [cédula de 20 reais] por 4 cédulas de:

☐ [10 reais]   ☐ [5 reais]   ☐ [50 reais]

d) Podemos trocar [cédula de 100 reais] por:

☐ 50 + 10 + 10 + 20 + 5 + duas moedas de 50 centavos

☐ 50 + 5 + 20 + 20 + três moedas de 1 real + duas moedas de 1 real

PESQUISANDO

1 Pesquise o preço dos produtos a seguir em folhetos de supermercado ou no próprio supermercado.

Produto	Preço
arroz	
espaguete	
café	
açúcar	
leite	

Agora responda:

a) Qual dos produtos pesquisados é o mais caro?

_____
_____
_____

b) Qual dos produtos pesquisados é o mais barato?

_____
_____
_____

c) Com R$ 5,00 é possível comprar o pacote de 5 quilos de arroz? Por quê?

_____
_____
_____
_____
_____
_____

Adição e subtração com dinheiro

Veja como fazemos subtração e adição de quantias em reais: armamos a conta colocando vírgula embaixo de vírgula e efetuamos a operação normalmente.

```
   5 6 , 5 0
 + 1 0 , 1 0
 ───────────
   6 6 , 6 0
```

ATIVIDADES

1 Observe as cenas e faça o que se pede.

Eu tenho R$ 55,00, Júlia!

E eu tenho R$ 62,00, Marília!

a) Quantos reais as meninas têm juntas?

b) Quantos reais sobraram para Marília após comprar o ingresso?

Vou querer um ingresso. Qual é o preço?

Um ingresso custa R$ 12,00.

c) Júlia também comprou um ingresso. Quantos reais sobraram para ela?

Vamos comprar juntas um balde de pipoca?

Custa R$ 10,00.

Quanto custa o balde de pipoca?

d) Júlia e Marília compraram um balde de pipoca para dividir. Cada uma deu a mesma quantia em reais para pagar ao pipoqueiro. Quanto cada uma deu?

2 Contorne as moedas formando uma quantia de R$ 7,00.

PROBLEMAS

1 Luara tinha R$ 64,00 e gastou R$ 22,00 na perfumaria.

Com quantos reais ela ficou?

2 Mônica foi ao banco para pagar duas contas, uma no valor de R$ 85,00 e outra no valor de R$ 35,00. Ela usou uma nota de R$ 100,00 e uma nota de R$ 50,00. Quanto ela recebeu de troco?

3 Júlio comprou um *tablet* e pagou em 4 parcelas de R$ 125,00. Quanto ele pagou pelo *tablet*?

_____

4 Elabore uma situação de compra e recebimento de troco. Depois, passe-a para um colega resolver. Enquanto isso, você resolve a situação elaborada por ele.

_____

PEQUENO CIDADÃO

Necessidade ou desejo?

Você já aprendeu a economizar dinheiro usando um cofrinho. Agora, você vai descobrir se o que quer comprar é uma necessidade ou um desejo.

Converse com os colegas sobre a diferença entre a necessidade e o desejo de comprar algo e a importância de refletirmos antes de comprar.

Agora, responda:

1 O objeto que você escolheu na **página 36** é uma compra que quer fazer por necessidade ou por desejo? Se for por necessidade, calcule e planeje quanto dinheiro precisará juntar e por quanto tempo para conseguir comprá-lo.

_____
_____
_____

UNIDADE 8
NÚMEROS FRACIONÁRIOS

Há diversas situações em que precisamos indicar quantidades menores que uma unidade ou um inteiro. Veja algumas:

Eu tenho só um lanche, mas podemos dividi-lo em duas partes: uma para mim e outra para você!

Eu fiz uma torta de palmito e vou dividir em 4 partes, uma para cada um de nós!

Vou recortar esta cartolina em 3 partes e, assim, cada um de nós usa uma delas!

Fração é um número utilizado para indicar as partes de um inteiro.

História das frações

Por volta de 3000 a.C., já se utilizavam frações como forma de marcar os limites das terras localizadas às margens do Rio Nilo, no Antigo Egito.

Toda vez que o rio enchia, ele inundava as terras, que precisavam ser remarcadas. Os profissionais que trabalhavam para os faraós passaram a fazer as medições utilizando uma corda com nós a intervalos regulares. Eles esticavam a corda e observavam quantas unidades entre os nós estavam contidas em determinado lado de um terreno.

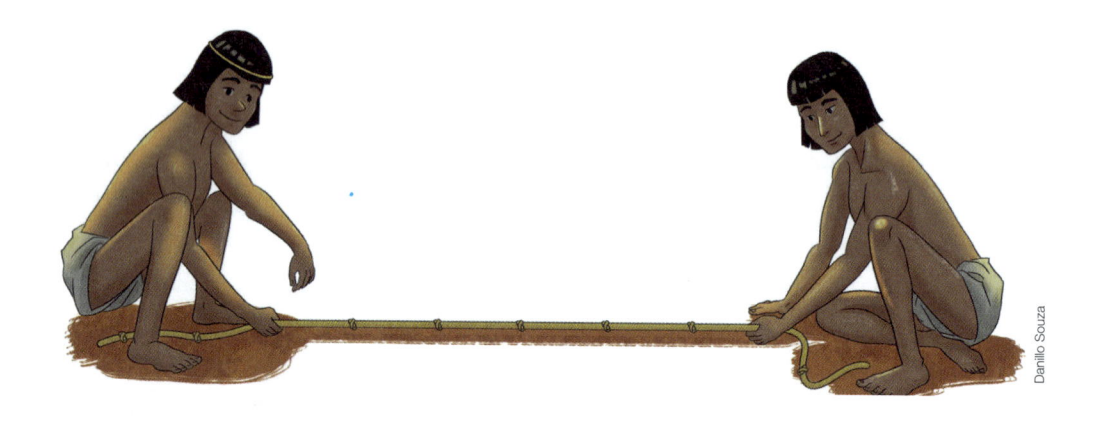

Com frequência, essa medida entre os nós não correspondia a um número inteiro de vezes no lado de um terreno. Então foi necessário criar um novo tipo de número – a fração – para o registro dessas medições.

A palavra **fração** vem do latim *fraction*e, que significa "divisão, quebra, rasgo".

Os egípcios criaram os primeiros símbolos para registrar as frações.

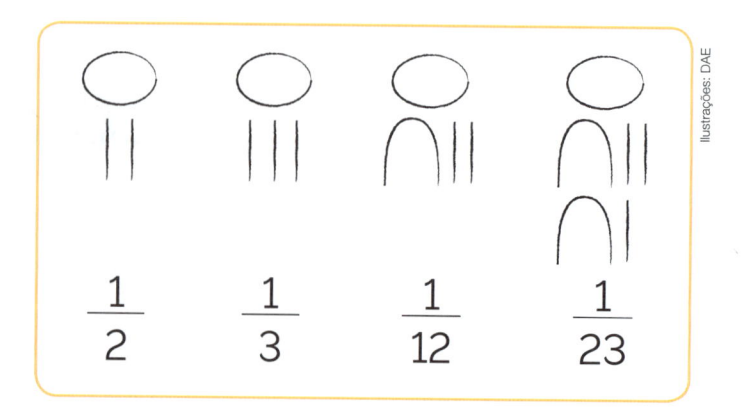

$\frac{1}{2}$ $\frac{1}{3}$ $\frac{1}{12}$ $\frac{1}{23}$

Os símbolos foram se modificando ao longo da história.

Metade ou meio

Artur e Melissa resolveram dividir e recortar uma folha de papel em duas partes iguais. Observe:

Artur dividiu sua folha assim:

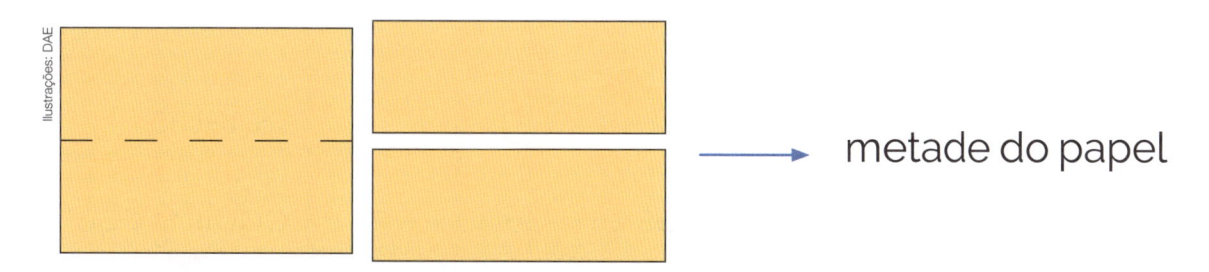

→ metade do papel

Já Melissa dividiu sua folha de outra forma para depois recortá-la. Veja:

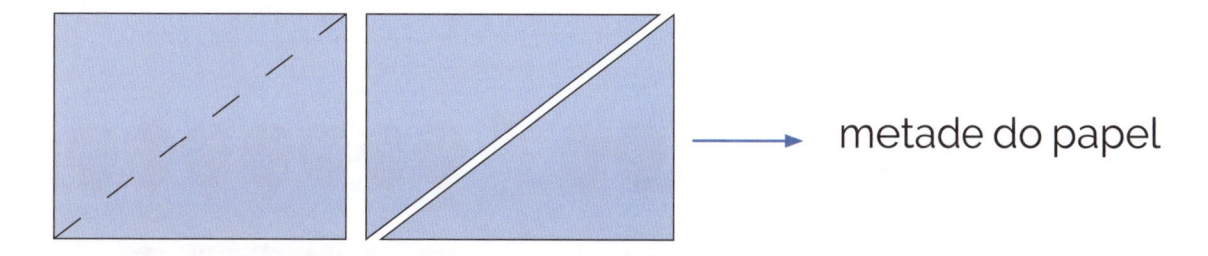

→ metade do papel

Metade ou **meio** é cada parte de um inteiro que foi **dividido** em **duas partes iguais**.

Podemos representar a metade com uma fração.

A fração é sempre formada por dois números colocados um sobre o outro e separados por uma barra.

nº de partes tomadas do inteiro
nº de partes em que o inteiro foi dividido = $\frac{1}{2}$

Lemos: **um meio** ou **metade**.

$\frac{1}{2}$ de 6 é 3, pois 6 ÷ 2 = 3

ATIVIDADES

1 Complete as frases.

a) A metade de 1 centena de guardanapos é igual a ____ guardanapos.

b) Uma dezena e $\frac{1}{2}$ de canetas é igual a ____ canetas.

2 Contorne metade dos balões em cada item a seguir e escreva a sentença como no exemplo.

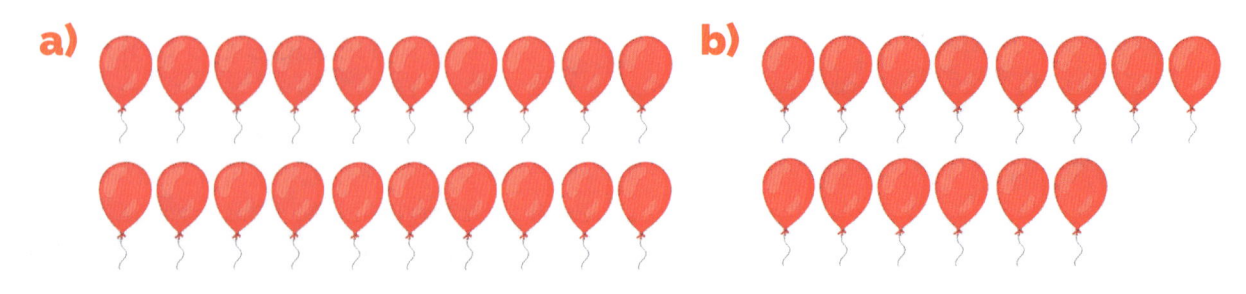

8 ÷ 2 = 4

a)

b)

_____   _____

3 Calcule a metade de:

a) 8 _____

b) 22 _____

c) 40 _____

d) 84 _____

e) 122 _____

f) 256 _____

g) 426 _____

PROBLEMAS

1 O 3º ano fez 128 bandeirinhas para a Festa Junina. Metade das bandeirinhas é azul e metade é vermelha. Quantas bandeirinhas foram feitas de cada cor?

_____

2 Marcelo fez 18 tortas. Metade das tortas é de frango e a outra metade é de escarola. Quantas tortas de cada sabor Marcelo fez?

_____

3 Luana precisa digitar 100 páginas de um relatório. Ela já digitou metade. Quantas páginas faltam para Luana digitar?

_____

4 Júnior pagou metade de uma dívida. Se ele já pagou R$ 250,00, qual é o valor total da dívida?

_____

5 Metade dos alunos de uma classe com 28 alunos usa óculos. Quantos alunos não usam óculos nessa classe?

_____

PESQUISANDO

1 Traga para a próxima aula receitas culinárias em que as frações $\frac{1}{2}$, $\frac{1}{3}$ e $\frac{1}{4}$ sejam utilizadas para indicar a quantidade dos ingredientes.

Um terço ou terça parte

A mãe de Lucas fez um pão caseiro e dividiu em 3 partes. Veja:

A **terça parte**, ou **um terço**, é cada parte de um inteiro que foi **dividido** em **três partes iguais**.

Podemos representar a terça parte por meio de uma fração.

$\frac{1}{3}$ ⟶ Lemos: **um terço** ou **terça parte**.

Veja outro exemplo a seguir.

Um terço das 15 maçãs que Gustavo comprou não coube na fruteira. Quantas maças vão ficar na fruteira?

Total de maçãs: 15

$\frac{1}{3}$ de 15 maçãs ⟶ 15 ÷ 3 = 5

15 − 5 = 10

Resposta: Na fruteira ficarão 10 maçãs.

ATIVIDADES

1) Conte os quadradinhos e pinte a terça parte $\left(\frac{1}{3}\right)$ deles nas figuras da malha a seguir.

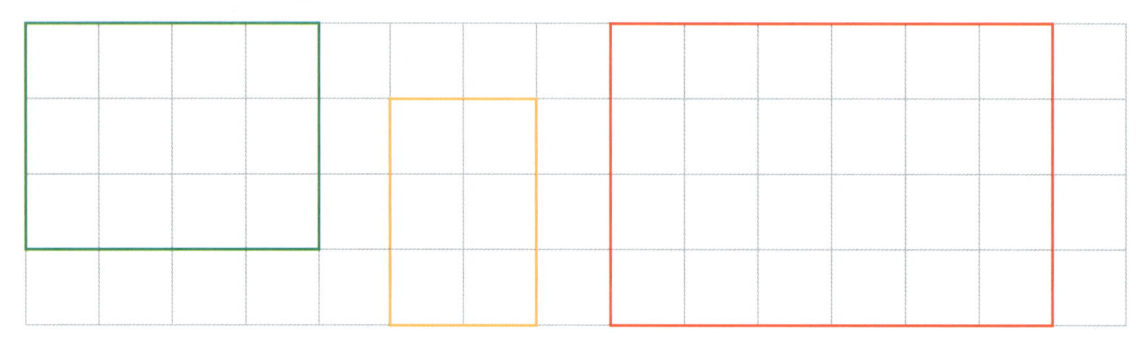

2) Contorne um terço das figuras de cada grupo a seguir e complete como no exemplo.

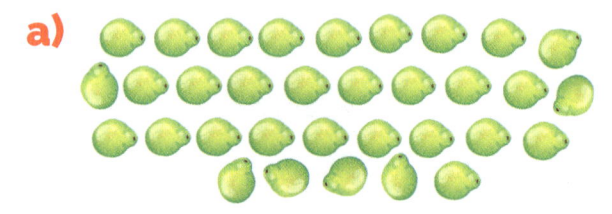

$\frac{1}{3}$ de 21 é 7

a) $\frac{1}{3}$ de ____ é ____

b) $\frac{1}{3}$ de ____ é ____

3) Faça como o modelo.

A terça parte de 42 é 14, pois 42 ÷ 3 = 14.

a) A terça parte de 216 é ____, pois ____ ÷ ____ = ____.

b) A terça parte de 567 é ____, pois ____ ÷ ____ = ____.

PROBLEMAS

1 Das 624 pessoas presentes em um *show*, $\frac{1}{3}$ ganhou os convites na promoção de uma rádio. Quantas pessoas ganharam os convites?

___

2 Dona Joana fez 300 docinhos para o aniversário de sua neta. Dos docinhos, $\frac{1}{3}$ era de beijinhos e o restante, brigadeiros. Quantos docinhos de cada sabor ela fez?

___

3 Uma empresa vai plantar 600 mudas de árvores no bairro em que Catarina mora. $\frac{1}{3}$ das mudas foi plantada na praça e a metade do restante foi distribuída aos moradores. Quantas mudas sobraram?

___

Um quarto ou quarta parte

Artur e Melissa continuaram brincando e resolveram dividir uma folha de papel quadrada em quatro partes iguais.

Observe:

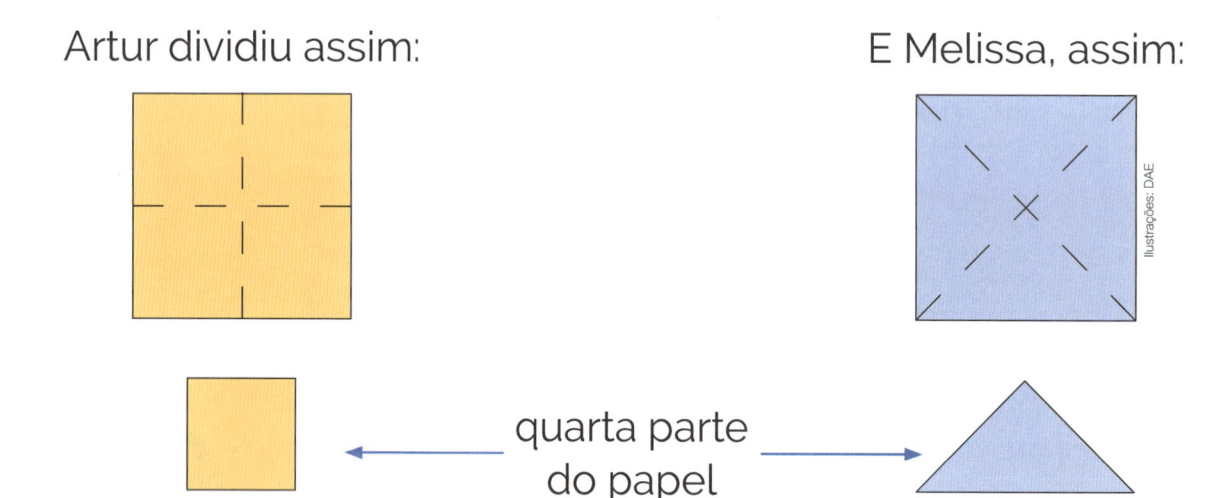

Artur dividiu assim:

E Melissa, assim:

quarta parte do papel

A **quarta parte**, ou **um quarto**, é cada parte de um inteiro que foi **dividido** em **quatro partes iguais**.

Podemos representar a quarta parte por meio de uma fração.

$\dfrac{1}{4}$ ⟶ Lemos: **um quarto** ou **quarta parte**.

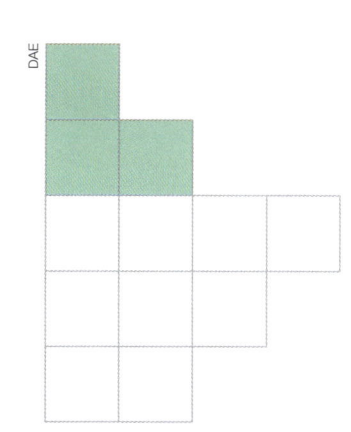

Observe ao lado uma figura formada por 12 quadrados. Um quarto dessa figura está pintado de verde.

$$\frac{1}{4} \text{ de } 12 = 12 \div 4 = 3$$

Ou seja, 3 quadradinhos estão pintados de verde.

ATIVIDADES

1 Calcule e complete de acordo com o exemplo.

| A quarta parte de 1 centena é 25. | $100 \div 4 = 25$ |

A quarta parte de 1 centena é 25. $100 \div 4 = 25$

a) A quarta parte de 4 centenas é _____. _____

b) A quarta parte de 5 centenas é _____. _____

c) A quarta parte de 36 é _____. _____

d) A quarta parte de 52 é _____. _____

e) A quarta parte de 64 é _____. _____

2 Pinte $\frac{1}{4}$ de cada figura e represente conforme o modelo.

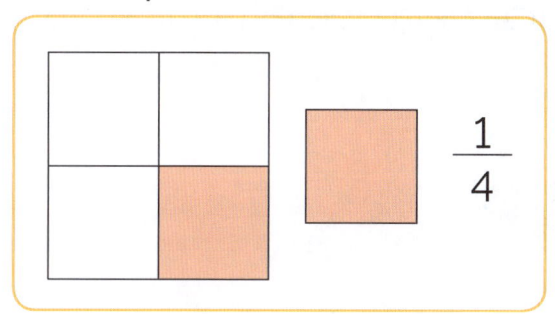

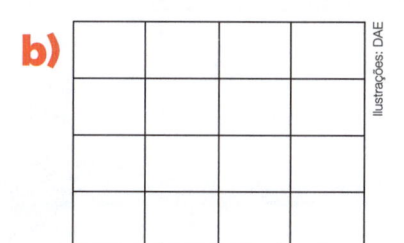

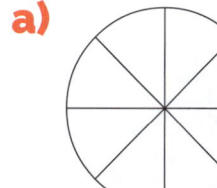

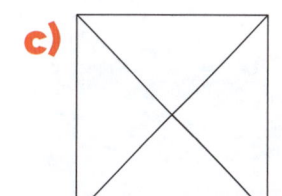

a)

b)

c)

3 Conte os quadradinhos e pinte a quarta parte $\left(\dfrac{1}{4}\right)$ deles nas figuras da malha a seguir.

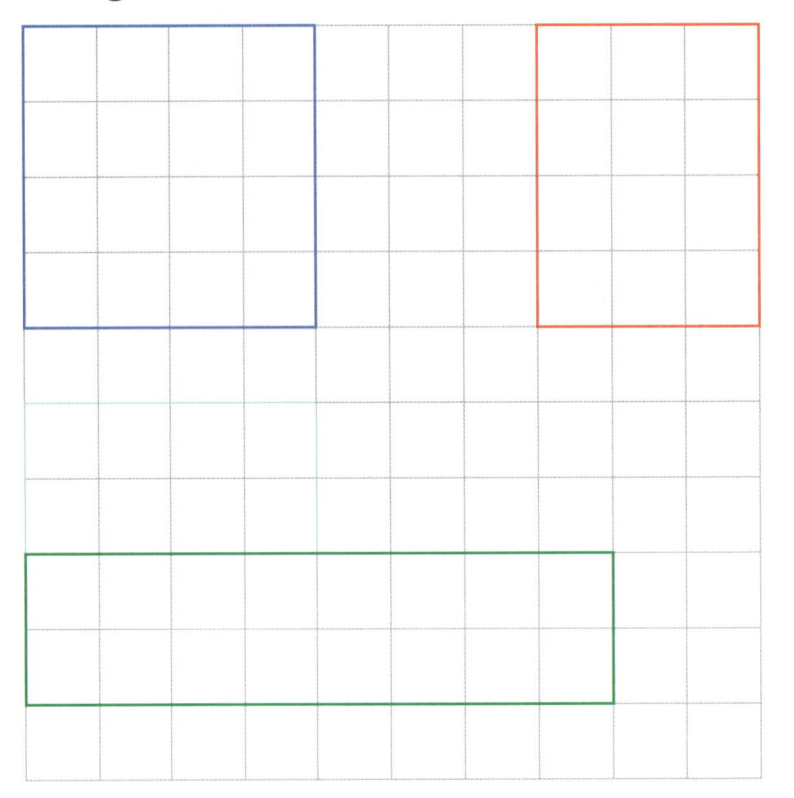

4 Escreva quanto é $\dfrac{1}{4}$ de:

a) 144 _____

b) 96 _____

c) 600 _____

d) 448 _____

5 Ligue a *pizza* a seguir à quarta parte dela que está faltando.

Ilustrações: Claudia Marianno

PROBLEMAS

1 Luciana plantou 36 sementes de almeirão. Na semana seguinte, ela percebeu que a quarta parte delas não havia brotado. Quantas sementes de almeirão brotaram?

_____

2 Em um galinheiro, havia 360 galinhas. A quarta parte delas botou ovos hoje. Quantas galinhas botaram ovos hoje? E quantas não botaram?

_____

3 Em um condomínio vivem 640 pessoas. Um quarto delas é formado por idosos; um quarto, por crianças; e os demais são adultos. Escreva a seguir a quantidade de:

a) adultos: _____

b) idosos: _____

c) crianças: _____

4 Observe a imagem ao lado e elabore um problema envolvendo a quarta parte.

_____

_____

_____

Um quinto ou quinta parte

Flávia pintou apenas uma das cinco partes da figura. Veja:

A **quinta parte**, ou **um quinto**, é cada parte de um inteiro que foi **dividido** em **cinco partes iguais**.

Podemos representar a quinta parte por uma fração.

$\dfrac{1}{5}$ ⟶ Lemos: **um quinto** ou **quinta parte**.

ATIVIDADES

1 Contorne $\dfrac{1}{5}$ das figuras e complete a frase. Observe o exemplo.

$\dfrac{1}{5}$ de 10 é igual a 10 ÷ 5 = 2

a) $\dfrac{1}{5}$ de _____ é igual a _____

b) $\dfrac{1}{5}$ de _____ é igual a _____

2 Pinte $\dfrac{1}{5}$ desta figura.

3 Informe quanto é:

a) $\dfrac{1}{5}$ de 125: _____

b) $\dfrac{1}{5}$ de 635: _____

Um décimo ou décima parte

Renato comprou uma barra de chocolate e comeu apenas uma parte. Veja:

A **décima parte**, ou **um décimo**, é cada parte de um inteiro que foi **dividido** em **dez partes iguais**.

Podemos representar a décima parte por uma fração.

$\frac{1}{10}$ ⟶ Lemos: **um décimo** ou **décima parte**.

ATIVIDADES

1 Contorne $\frac{1}{10}$ das figuras e complete a frase. Observe o exemplo.

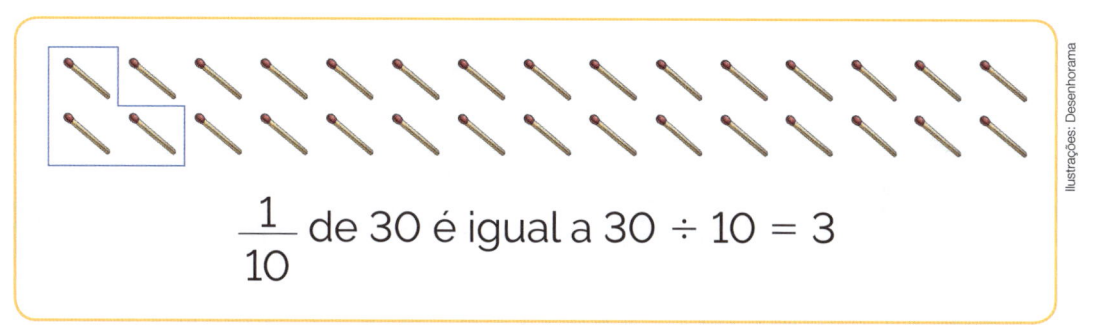

$\frac{1}{10}$ de 30 é igual a 30 ÷ 10 = 3

a) $\frac{1}{10}$ de _____ é igual a _____

b) $\frac{1}{10}$ de _____ é igual a _____

PROBLEMAS

1) A final de um campeonato de futebol na escola foi decidida nos pênaltis. Cada time fez 5 cobranças.

O time Valente acertou $\frac{1}{5}$ dos gols cobrados por seu time. Quantos gols o time Valente fez?

___

2) Uma empresa comprou 1 pacote com 500 folhas de papel sulfite. Dessas folhas, $\frac{1}{10}$ ficou na recepção e $\frac{1}{5}$ na administração. Quantas folhas ficaram em cada setor?

___

3) Rafael economizou 980 reais e usou $\frac{1}{10}$ desse valor para comprar um tênis e $\frac{1}{5}$ para comprar uma calça. Quanto ele gastou no total?

___

4) Dona Dulce encomendou 250 salgados para uma festa. Desses salgados, $\frac{1}{5}$ era coxinhas e $\frac{1}{10}$, bolinhas de queijo. Os outros eram pastéis de vários sabores. Quantos pastéis Dona Dulce encomendou?

___

UNIDADE 9

MILHAR

Mariana comprou 10 pacotes com 100 miçangas cada um para fazer colares e pulseiras para vender.

Para contabilizar o número de miçangas que havia comprado, Mariana contou a quantidade de miçangas de cada pacote e depois multiplicou pelo número de pacotes.

$$100 + 100 + 100 + 100 + 100 + 100 + 100 + 100 + 100 + 100 = 1000$$
ou
$$10 \times 100 = 1000$$

Havia, portanto, 10 centenas ou 1000 unidades de miçangas.

O número 1000 é formado por quatro algarismos e cada algarismo representa uma ordem.

Como cada três ordens formam uma classe, os milhares formam a 2ª classe.

Assim, o algarismo 1 fica na ordem das unidades de milhar, que é a 4ª ordem.

Veja quantas ordens e quantas classes tem o número **1426**:

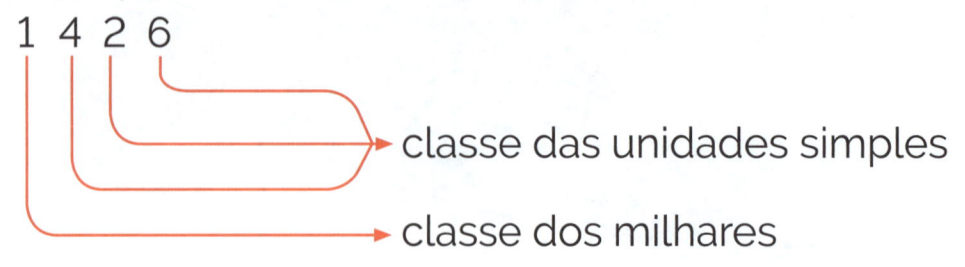

1 4 2 6

→ classe das unidades simples

→ classe dos milhares

Portanto, o número **1426** tem 4 ordens e 2 classes.

> **! SAIBA MAIS**
>
> **Um número que não é nada, mas é tudo**
>
> O algarismo **zero (0)** é uma invenção importante da Matemática. A ideia principal que atualmente temos do zero é a de ausência de unidade, porém ele foi criado para organizar a posição dos algarismos em um número. Por exemplo, a posição do algarismo 1 na composição do número 1000.

ATIVIDADES

1 Represente no quadro de ordens os números a seguir.

	M	C	D	U
1789				
841				
1257				
2713				
6				
52				

2 Complete a sequência.

990	991	992	993	994
995	996	997	998	
				1009

3 Escreva os números por extenso.

a) 1283

_____

b) 1528

_____

c) 1431

_____

d) 2 145

_____

e) 2 397

_____

f) 2 021

_____

4 Registre no quadro de ordens cada número representado com o Material Dourado. Depois, decomponha-o.

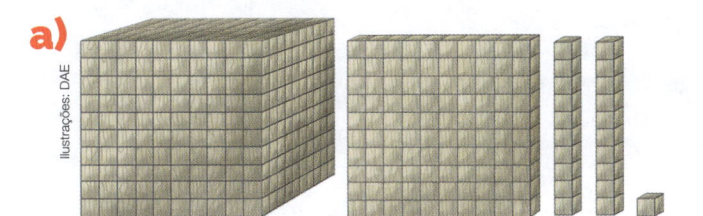

a)

M	C	D	U
1	1	2	1

_____

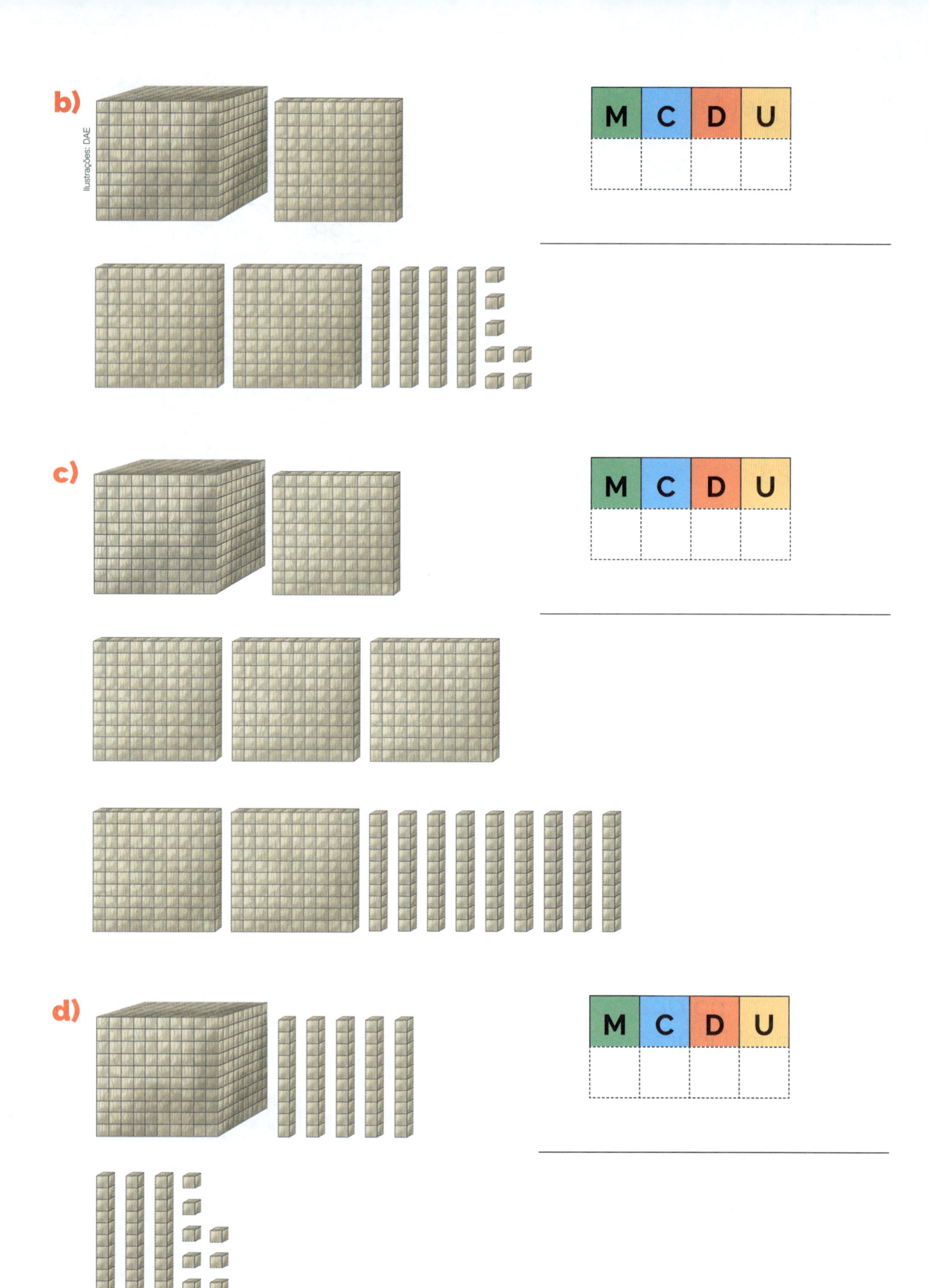

b)

M	C	D	U

c)

M	C	D	U

d)

M	C	D	U

e)

M	C	D	U

_____

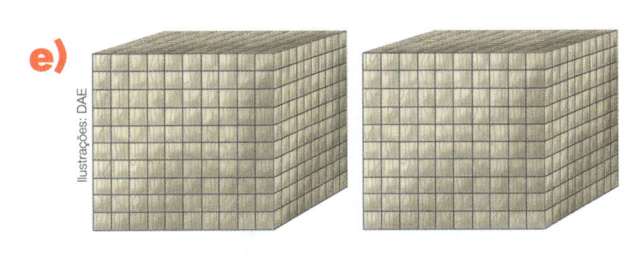

5 Escreva o antecessor e o sucessor dos números a seguir.

a) _____ 300 _____   c) _____ 2 046 _____

b) _____ 24 _____   d) _____ 8 346 _____

Operações com números maiores que 1000

Nas operações com números maiores que 1000 devem ser mantidas as regras que você já conhece.

Observe ao lado a adição 2 638 + 424.

Somamos unidades com unidades, dezenas com dezenas, centenas com centenas e unidades de milhar com unidades de milhar.

M	C	D	U
¹2	6	¹3	8
+	4	2	4
3	0	6	2

ATIVIDADES

1 Arme e resolva:

a) 1 722 + 2 351 = _____   b) 3 846 − 1 009 = _____

2 Conte as cédulas e escreva a quantia representada em cada item.

a)

b)

3 Arme e efetue as multiplicações a seguir, de acordo com o modelo.

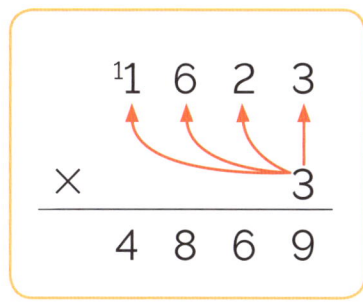

```
  ¹1  6  2  3
×           3
─────────────
    4  8  6  9
```

b) 4 × 645 = _____

a) 5 × 937 = _____

c) 6 × 1050 = _____

PROBLEMAS

1 Simone tem R$ 1 298,00 em sua conta bancária e Ronaldo tem R$ 2 391,00. Qual é a diferença entre essas quantias?

_____

2 Aline leu em um livro a história de uma cidade em que havia 10 casas e em cada casa viviam 10 gatos. Quando terminou de ler a história, ela descobriu que cada gato caçou 10 ratos. Quantos ratos foram caçados ao todo?

_____

BRINCANDO

1 Vamos jogar?

Material: 4 jogos de 10 cartões numerados de 0 a 9.

Participantes: 4 jogadores.

Como jogar

Junte-se a mais três colegas e cada um de vocês, com a ajuda do professor, fará 10 cartões de cartolina. Em cada cartão, anotem um algarismo, de 0 a 9.

Vou colocar o 9 na ordem dos milhares, pois ele é o maior algarismo que tirei nessa jogada.

Depois de confeccionar os cartões, vocês devem misturar os cartões de todos os jogadores do grupo. Em cada jogada, cada um retira 4 cartões e monta um número com eles. Vence a rodada o jogador que conseguir formar o maior número na ordem dos milhares.

PESQUISANDO

1 Faça uma pesquisa em panfletos de promoções e recorte três produtos com valor da ordem dos milhares. Cole aqui os produtos em ordem crescente de preços.

UNIDADE 10

MEDIDA DE TEMPO

Horas e minutos

Gostaram da aula de hoje?

Muito! Nem percebi o tempo passar.

Adoro as aulas de Matemática. Quando percebi, já era hora de ir pra casa.

O relógio é o instrumento mais usado para **medir o tempo**. Observe os relógios abaixo:

Relógio analógico.

Relógio digital.

Os dois relógios marcam **4 horas**.

No relógio analógico, o ponteiro menor indica as horas, o ponteiro maior indica os **minutos** e o ponteiro bem fininho indica os **segundos**.

No relógio digital, as horas e os minutos são mostrados com algarismos.

Agora observe estes dois relógios analógicos:

No relógio à esquerda, o ponteiro maior aponta para o número 12. Isso significa que esse relógio indica uma **hora exata**.

Já o ponteiro maior do relógio da direita aponta para o número 6, isto é, ele deu meia volta em relação ao 12. Portanto, passou **meia hora**. Esse relógio indica determinada hora mais meia hora.

Uma volta completa do ponteiro dos minutos, o maior, equivale a 1 hora.

Uma hora tem 60 minutos.
Meia hora tem 30 minutos.

O espaço entre dois números do relógio é dividido em cinco partes iguais, e cada uma dessas partes corresponde a **1 minuto**. Assim, o ponteiro maior leva 5 minutos para percorrer cada espaço entre os números.

Observe que, no relógio ao lado, o ponteiro pequeno está um pouco depois do número 4 e o ponteiro grande está no número 1. Portanto, o relógio marca 4 horas e 5 minutos.

Veja no esquema ao lado como são contados os minutos. No círculo branco, estão marcadas as horas e, no anel laranja, os minutos.

176

Observe agora estes outros relógios e as horas que eles marcam.

7 horas e 15 minutos (7h15min)

7 horas e 20 minutos (7h20min)

7 horas e 40 minutos (7h40min)

7 horas e 55 minutos (7h55min)

Um dia tem 24 horas. Veja como as horas, após o meio-dia, aparecem em alguns relógios digitais.

13:00 14:00 15:00 16:00

17:00 18:00 19:00 20:00

21:00 22:00 23:00 00:00

Atenção: o horário 00:00 corresponde à meia-noite.

SAIBA MAIS

Um dos relógios mais antigos é conhecido como relógio de sol ou relógio solar. Ele foi criado com base na sombra produzida por uma vareta espetada no chão. Assim, era possível observar o momento em que a sombra ficava mais curta (no meio do dia) e mais comprida (no final do dia). Foi o passo inicial para desenvolver uma forma de medir o tempo.

ATIVIDADES

1 Complete:

a) Um dia tem _____ horas.

b) Uma hora tem _____ minutos.

c) Meia hora tem _____ minutos.

d) Um quarto de hora tem _____ minutos.

e) 60 minutos correspondem a _____ hora.

f) 30 minutos correspondem a _____ hora.

2 Nas fotografias abaixo, escreva a letra **A** no relógio analógico e a letra **D** no relógio digital.

3 Assinale com **X** os relógios que indicam 2 horas e meia.

4 Escreva as horas indicadas nos relógios.

a)  _____ c)  _____ e)  _____ g) _____

b)  _____ d)  _____ f)  _____ h) _____

5 Ligue cada relógio ao horário que ele indica.

- 1 hora e 15 minutos
- 6 horas e 35 minutos
- 7 horas e meia
- 4 horas e 50 minutos
- 3 horas e meia
- 2 horas e 35 minutos
- 12 horas
- 10 horas e 20 minutos

PROBLEMAS

1) Complete as frases com o horário em que você faz as atividades e, depois, desenhe relógios para representar cada um.

a) Eu acordo às _____.

b) Eu almoço às _____.

c) Eu vou para a escola às _____.

d) Eu tomo banho, normalmente, às _____.

e) Eu vou dormir às _____.

2) Observe o horário em que Cláudio saiu de casa para ir ao mercado e o horário em que voltou para casa.

14:00
Saiu de casa.

15:30
Voltou para casa.

- Quanto tempo Cláudio ficou fora de casa?

_____

3 Laís saiu de casa às 7 horas e voltou às 10 horas. Quantos minutos Laís ficou fora de casa?

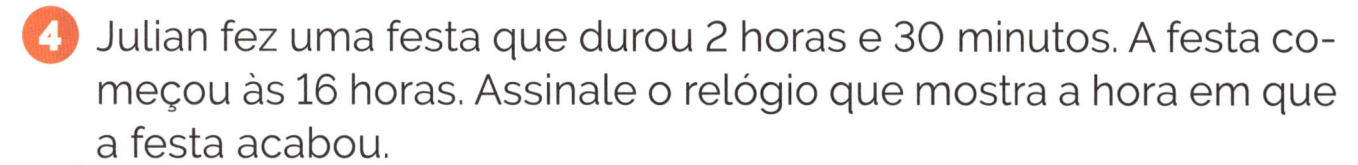

_____

4 Julian fez uma festa que durou 2 horas e 30 minutos. A festa começou às 16 horas. Assinale o relógio que mostra a hora em que a festa acabou.

5 Diná é atleta e hoje, em seu treino, ela nadou uma hora e meia, depois correu por 30 minutos e pedalou por uma hora. Quanto tempo durou o treino de Diná?

_____

6 Jurandir colocou um bolo no forno às 15 horas e ele ficou pronto às 16 horas e 30 minutos. Quanto tempo o bolo ficou assando?

_____

7 O relógio de Ricardo está adiantado em 15 minutos. Se ele olhar no relógio e estiver marcando 20 horas e 45 minutos, significa que são:

☐ 20 horas e 15 minutos.

☐ 20 horas e 30 minutos.   ☐ 20 horas.

Dias da semana e meses do ano

Duda estava planejando uma viagem para suas férias de final do ano. Ela queria saber quantos dias ainda faltavam para o dia tão esperado.

Cada **dia** tem 24 horas, e uma **semana** é formada por 7 dias: domingo, segunda-feira, terça-feira, quarta-feira, quinta-feira, sexta-feira e sábado.

O ano é formado por 12 meses.
Observe:

Meses do ano	Quantidade de dias
janeiro	31
fevereiro	28 ou 29
março	31
abril	30
maio	31
junho	30
julho	31
agosto	31
setembro	30
outubro	31
novembro	30
dezembro	31

Como você observou, sete meses têm 31 dias, quatro meses têm 30 dias e apenas o mês de fevereiro pode ter 28 ou 29 dias.

A cada quatro anos, o mês de fevereiro tem 29 dias. Quando isso ocorre, chamamos esse ano de bissexto. O ano bissexto tem 366 dias, enquanto os demais têm 365 dias.

Veja como agrupamos os meses:
- 2 meses formam um **bimestre**;
- 3 meses formam um **trimestre**;
- 6 meses formam um **semestre**.

ATIVIDADES

1 Ligue as sentenças que se completam:

O mês mais curto do ano é	366 dias.
Um ano tem	janeiro.
A maioria dos meses tem	31 dias.
O ano tem	fevereiro.
O último mês do ano é	7 dias.
O ano bissexto tem	24 horas.
O primeiro mês do ano é	365 ou 366 dias.
Uma semana tem	12 meses.
Um dia tem	dezembro.
Um bimestre são	3 meses.
Um trimestre são	2 meses.

2 Complete.

a) Mês de seu aniversário: _____

b) O último mês do ano: _____

c) Mês do Dia das Mães: _____

3 Observe o calendário e faça o que se pede.

a) Contorne o dia de seu aniversário.

_____

_____

b) Marque com **X** os meses que têm 5 domingos.

_____

_____

c) Contorne o nome dos meses que formam o 3º trimestre do ano.

_____

d) O que se comemora nos dias:

- 1º de janeiro? _____
- 21 de abril? _____
- 1º de maio? Dia do _____
- 7 de setembro? _____

4 Complete as frases abaixo considerando um mês de 30 dias.

a) Uma semana tem _____.

b) Duas semanas têm _____.

c) Três semanas têm _____.

d) Uma quinzena tem _____.

e) Duas quinzenas têm _____.

f) Dois meses têm _____.

g) Três meses têm _____.

h) Seis meses têm _____.

5 Pense e depois responda: Que dia da semana é hoje?

_____

6 Anote os horários de entrada e saída das aulas. Desenhe dois relógios com ponteiros para identificar esses horários.

PROBLEMAS

1 Helena vai começar um curso de inglês e as aulas iniciam no segundo mês do segundo semestre. Em que mês começam as aulas de inglês de Helena?

_____

2 O aniversário de casamento dos pais de Fábio é no terceiro mês do ano. Que mês é esse?

_____

3 Carina foi viajar numa quinta-feira e vai voltar exatamente depois de 14 dias. Em que dia da semana Carina voltará?

_____

BRINCANDO

1 Vamos brincar com o relógio?

1. Faça dupla com um colega.
2. Recortem o relógio da **página 249** do livro e montem-no.
3. Escolha três horários para o colega registrar no relógio dele.
4. Registre em seu relógio os horários escolhidos pelo colega.
5. Agora desenhe os horários registrados em seu relógio.

UNIDADE 11
MEDIDA DE COMPRIMENTO

O professor Lucas organizou seus alunos em 3 grupos e pediu que cada grupo medisse o quadro da sala.

Ele pediu que cada grupo fizesse a medição da maneira que achasse mais adequada. Veja como cada grupo mediu.

O grupo 1 informou que a lousa mede 21 palmos.

O grupo 2 informou que a lousa mede 16 pés.

E o grupo 3 disse que a medida é 12 folhas de sulfite.

Qual grupo você acha que acertou a medida? _____

O professor informou que todas as respostas estão certas, já que cada grupo usou uma maneira diferente de fazer a medição.

> O resultado de uma medida depende da unidade de medida adotada.

Por isso, usamos uma unidade de medida padrão para medir comprimentos.

> O **metro** é uma unidade de medida utilizada para medir comprimentos.

O metro pode ser dividido em **100 partes iguais**. Cada uma dessas partes é chamada de **centímetro**. Assim, **1 metro** tem **100 centímetros**. O símbolo do metro é **m** e o símbolo do centímetro é **cm**.

Para medir grandes distâncias, como a distância entre cidades, o comprimento de estradas e de longas avenidas, usamos o quilômetro. **Um quilômetro** é **igual a 1 000 m**, e o símbolo do quilômetro é km.

Observe alguns instrumentos de medida de comprimento a seguir:

Fita métrica.

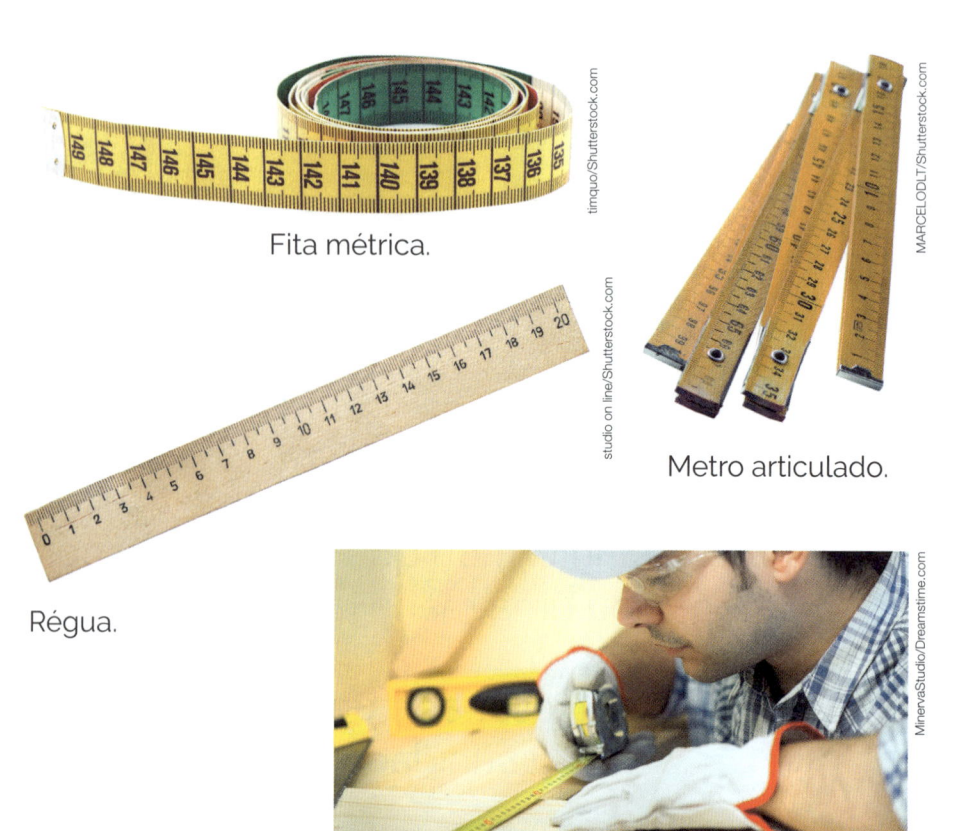

Metro articulado.

Régua.

Estadiômetro.

Trena.

ATIVIDADES

1 Assinale as imagens de produtos que compramos por **metro**.

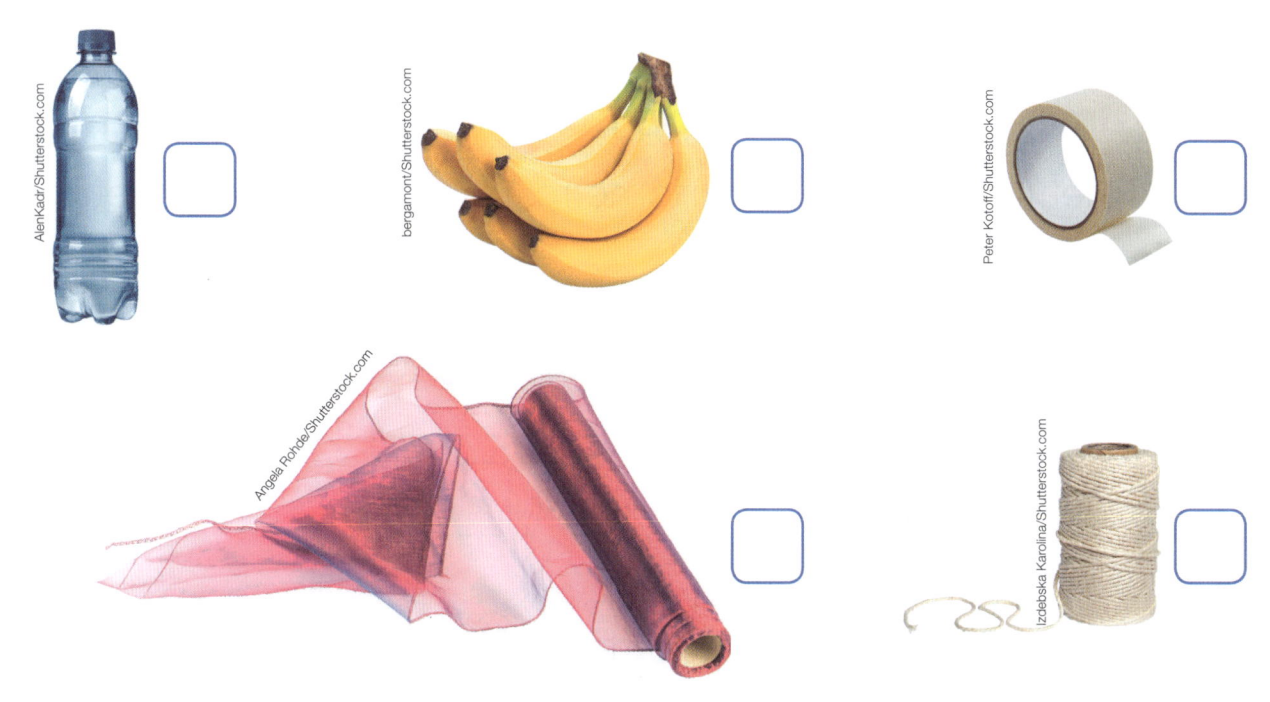

Agora, escreva o nome de três produtos que você já comprou ou viu alguém comprando em metros.

_____

2 Observe as figuras abaixo e meça com uma régua o comprimento de cada uma delas. Depois escreva quantos centímetros tem cada uma.

_____

_____

3 Assinale a unidade de medida mais adequada para informar o comprimento de:

a) uma cidade a outra.

metro ☐   quilômetro ☐   centímetro ☐

b) um arame para cercar um jardim.

metro ☐   quilômetro ☐   centímetro ☐

c) uma esquina a outra.

metro ☐   quilômetro ☐   centímetro ☐

d) uma cartolina.

metro ☐   quilômetro ☐   centímetro ☐

e) desenho em um livro.

metro ☐   quilômetro ☐   centímetro ☐

4 Assinale o instrumento que você, em cada item, considera mais adequado para medir:

a)

trena ☐   régua ☐

c)

trena ☐   régua ☐

b)

fita métrica ☐   régua ☐

d)

trena ☐   régua ☐

5 Com um lápis, desenhe o contorno de sua mão no quadro abaixo. Meça e anote o comprimento dela, do punho até o dedo indicador.

_____

PESQUISANDO

1 Você já viajou de avião? Sabe a que altura ele voa? Faça uma pesquisa para descobrir e depois troque ideias com os colegas.

BRINCANDO

1 Vamos medir uma carteira escolar?

- Meça uma carteira com seu palmo e anote o resultado aqui.

  _____

- Peça ao professor para medir uma carteira usando as mãos dele e anote aqui o resultado.

  _____

- Agora, use uma fita métrica e meça uma carteira. O professor também fará a medida com o mesmo instrumento. Anote os dois resultados aqui.

Meu resultado	Resultado do professor

Agora, responda:

- A medida de seus palmos e a dos palmos do professor são iguais?

  _____

- A medida feita com a fita métrica por você e a feita pelo professor são iguais?

  _____

- Entre as maneiras utilizadas para fazer a medida da carteira, qual você considera a mais adequada e por quê?

  _____

2 Encontre, no diagrama de palavras, o nome dos instrumentos de medida de comprimento representados a seguir.

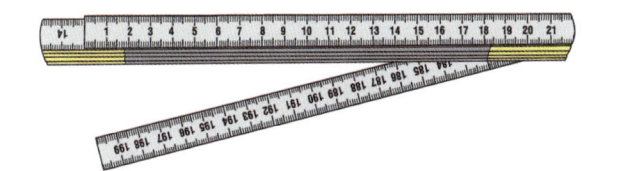

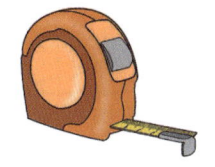

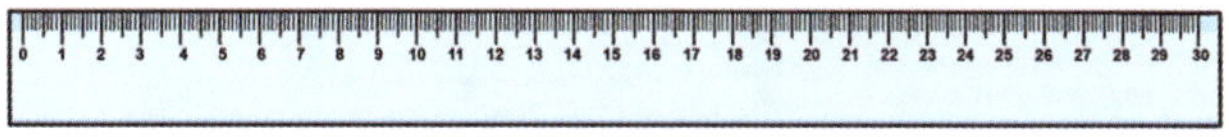

T	R	W	C	O	K	L	F	S	G	R	P	I	P	C	R
L	O	Y	T	S	S	É	N	U	M	H	B	T	A	B	É
A	É	M	Z	S	U	B	L	P	E	R	O	L	R	E	G
S	I	L	É	R	I	O	R	E	S	D	T	T	O	Ç	U
K	Y	I	B	Y	F	I	T	A	M	É	T	R	I	C	A
R	W	A	R	Y	K	R	É	I	F	I	B	E	T	S	R
Y	T	O	I	É	N	P	E	O	S	Z	E	N	R	R	É
M	E	T	R	O	A	R	T	I	C	U	L	A	D	O	P

PROBLEMAS

1 Diego usou uma régua de 30 cm para medir o comprimento da parede da sala de aula. Ele observou que, no comprimento da parede, a régua utilizada coube exatamente 8 vezes. Qual é, em centímetros, o comprimento dessa parede?

2 Dos 180 m de arame que comprou, Sueli utilizou a quarta parte. Quantos metros foram usados? E quantos metros de arame sobraram?

_____

3 A distância entre a casa de Alex e a casa da tia que mora em outra cidade é de 90 km. Ele já percorreu 26 km dessa distância. Quantos metros faltam para Alex chegar à casa da tia?

_____

4 Sabendo que meio metro de tecido custa R$ 7,00, calcule o preço de 4 m.

_____

5 Irene mediu a altura dos três filhos. O mais velho tem 15 cm a mais que o mais novo, e o do meio mede 4 cm a menos que o mais velho. Se o mais novo tiver 1 m e 55 cm de altura, qual será a altura dos outros dois filhos?

_____

MEDIDA DE CAPACIDADE

UNIDADE 12

Luana encheu uma jarra com 1 litro de água para fazer suco.

Para encher a jarra, ela usou 4 copos de água.

Podemos dizer que a jarra que Luana usou tem capacidade para comportar 4 copos de água ou também que a jarra tem capacidade para 1 litro de água.

A medida da quantidade de líquido que cabe em um recipiente, como uma jarra, é a **capacidade** desse recipiente.

Para medir um líquido capaz de caber em um recipiente, usamos o **litro** e o **mililitro** como unidades de medidas padronizadas. O símbolo do litro é **L** e o símbolo do mililitro é **mL**.

> 1 litro é igual a 1000 mililitros.
> E indicamos: 1 L = 1000 mL

A **metade** de 1 litro é **meio** litro, que é igual a 500 mililitros.

Observe que **2 meios** litros formam 1 litro. Observe também que, em 1 litro, há $\frac{4}{4}$ de litro e $\frac{1}{4}$ = é igual a 250 mL.

$\frac{1}{2}$ litro = 500 mL $\frac{1}{4}$ litro = 250 mL

ATIVIDADES

1 Contorne, na receita a seguir, os ingredientes que apresentam medidas de capacidade.

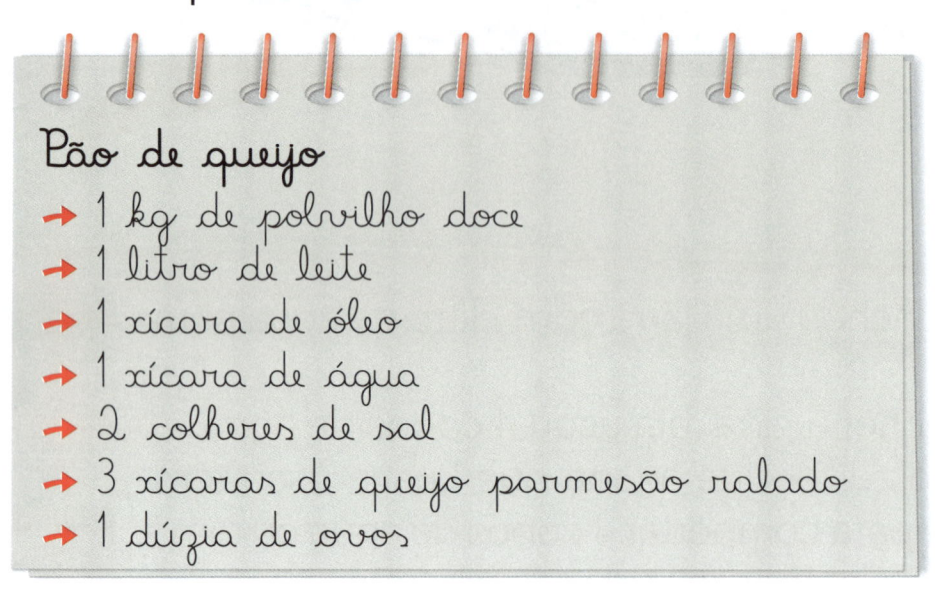

Pão de queijo
→ 1 kg de polvilho doce
→ 1 litro de leite
→ 1 xícara de óleo
→ 1 xícara de água
→ 2 colheres de sal
→ 3 xícaras de queijo parmesão ralado
→ 1 dúzia de ovos

2 Assinale a palavra que completa a frase a seguir.

> As unidades de medida de capacidade são utilizadas, normalmente, para medir:

☐ a distância entre um local e outro.

☐ o tamanho de um objeto.

☐ líquidos de diversos tipos.

☐ o valor monetário de um produto.

3 Quantos meios litros formam 1 litro e meio?

☐ 1 meio litro ☐ 3 meios litros

☐ 2 meios litros ☐ 4 meios litros

4 Cada balde a seguir tem capacidade para 5 litros de água.

Contorne a quantidade necessária de baldes para encher uma piscina plástica de 55 litros.

5 Observe as embalagens de xampu e complete como no exemplo.

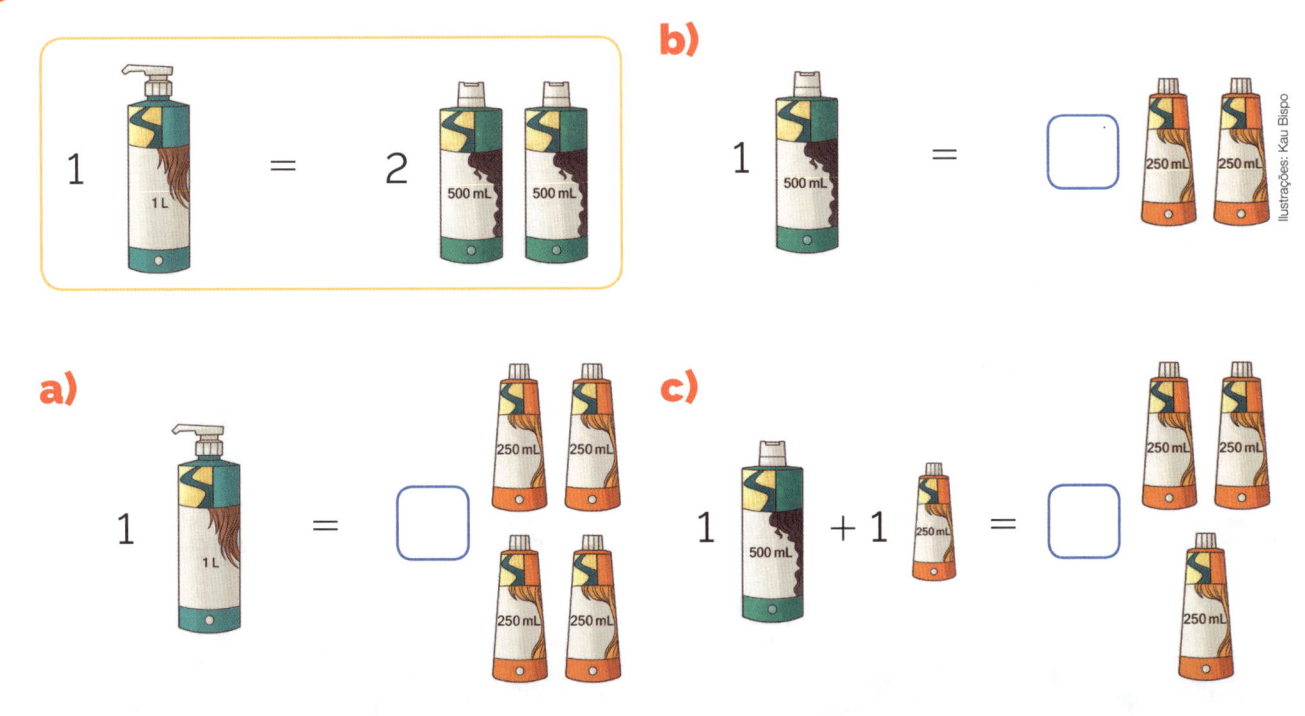

1 (1 L) = 2 (500 mL + 500 mL)

b) 1 (500 mL) = ☐ (250 mL + 250 mL)

a) 1 (1 L) = ☐ (250 mL + 250 mL + 250 mL + 250 mL)

c) 1 (500 mL) + 1 (250 mL) = ☐ (250 mL + 250 mL + 250 mL)

6 As jarras a seguir têm capacidade total para 1 litro. Pinte-as de acordo com o nível da capacidade indicada em cada figura.

1 litro

$\frac{1}{2}$ litro

$\frac{1}{4}$ litro

7 Letícia e seu pai, Osmar, foram buscar água para encher os aquários que compraram.

Sabendo que cada aquário tem capacidade para 30 litros de água, responda:

a) Quem vai conseguir encher o aquário primeiro? Por quê?

_____

b) Quantos baldes de água cada um vai usar para encher completamente um aquário?

_____

8 Assinale a unidade de medida adequada para medir a capacidade de:

a) litros ☐ mililitros ☐

b) litros ☐ mililitros ☐

c) litros ☐ mililitros ☐

d) litros ☐ mililitros ☐

PROBLEMAS

1 Para preparar a receita de um bolo, Uriel usou $\frac{1}{2}$ litro de leite. Se ele fizer 3 receitas desse mesmo bolo, qual a quantidade de leite que ele vai precisar?

_____

2 Cleo comprou uma embalagem com 2 litros de suco de uva. Marcos comprou uma embalagem de 1 litro de suco de maçã e 3 embalagens com 250 mililitros cada de suco de manga. Quem comprou mais suco?

_____

3 Em uma lanchonete, são vendidos 15 litros de refresco por dia. Quantos litros serão vendidos em:

a) 2 dias? _____

b) uma semana? _____

c) em um mês? _____

4 Ivan gasta 140 litros de água em um banho. Se ele reduzir esse consumo pela metade, quantos litros de água gastará?

_____

PEQUENO CIDADÃO

Como economizar água e dinheiro

Economizar água é uma atitude importante para ajudar nosso planeta e as vidas que dele dependem. Também precisamos pensar que a água que consumimos custa dinheiro.

Pronto! Temos dois motivos importantes para economizar água: fazer bem para o planeta e para o bolso.

Leia as informações a seguir.

Banho de ducha por 15 minutos, com o registro meio aberto, consome 135 litros de água. Se você fechar o registro ao se ensaboar, e reduzir o tempo do banho para 5 minutos, seu consumo cai para 45 litros. A redução é de 90 litros de água, o equivalente a 360 copos de água com 250 mL.

O banho rápido economiza água e ajuda o planeta.

Companhia de Saneamento Básico do Estado de São Paulo (São Paulo). *Dicas e testes.* São Paulo: Sabesp, 2020. Disponível em: http://site.sabesp.com.br/site/interna/Default.aspx?secaoId=184. Acesso em: 27 mar. 2020.

A atitude sugerida no texto ajuda a reduzir o consumo de água e, consequentemente, o valor da conta de água.

Agora, responda às questões.

Em uma casa moram 4 pessoas e todas resolveram se ensaboar com o registro fechado, reduzindo o consumo conforme o texto que você leu.

a) Qual a economia diária da água consumida nessa casa após a nova atitude?

_____

b) Qual a economia em uma semana?

_____

MEDIDA DE MASSA

UNIDADE 13

Usamos o **grama** e o **quilograma** (ou simplesmente quilo) como unidades de medida de massa (ou "peso") de carnes, peixes, frutas, legumes, pessoas, entre muitos outros exemplos.

A **balança** é o instrumento mais usado para medir a massa das pessoas e dos objetos.

Há vários tipos de balança. Além dos mostrados acima, temos:

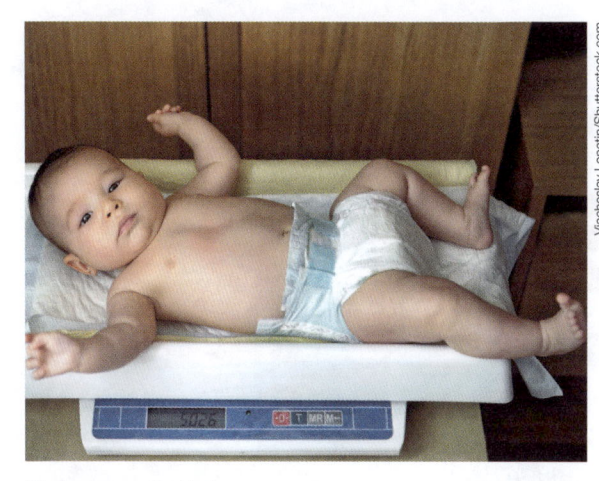

Balança digital para pesar bebês.

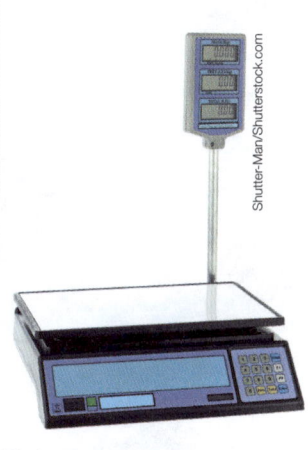

Balança para pesar cereais.

Balança de precisão para pesar ouro e pequenas quantidades de substâncias.

Um **quilograma** é formado por **1000 gramas**.
O símbolo do grama é **g** e o símbolo do quilograma é **kg**.
Meio quilo é igual a **500 gramas**. Então, dois meios quilos formam **1 quilo**.

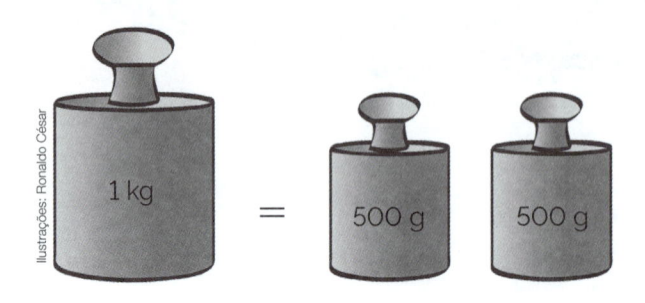

Um quarto de quilo é igual a **250 gramas**. Então, $\frac{4}{4}$ kg formam 1 kg.

ATIVIDADES

1 Observe as mercadorias abaixo e escreva o nome daquelas que podemos comprar por quilo.

2 Quanto pesa cada objeto representado a seguir? Marque com **X** a indicação correta.

a)

☐ Mais de 1 kg.
☐ Menos de 1 kg.

b)

☐ Mais de 1 kg.
☐ Menos de 1 kg.

c)

☐ Mais de 1 kg.
☐ Menos de 1 kg.

d)

☐ Mais de 1 kg.
☐ Menos de 1 kg.

e)

☐ Mais de 1 kg.
☐ Menos de 1 kg.

f)

☐ Mais de 1 kg.
☐ Menos de 1 kg.

PROBLEMAS

1) Iuri foi a um restaurante que vende comida por quilo. Seu prato pesou 455 g, o prato de sua mãe pesou 380 g e o prato de sua irmã, 385 g. Juntos, eles comeram mais ou menos do que 1 kg de comida?

_____

_____

2) Marcelo comprou 3 pacotes com 500 gramas de terra para colocar em alguns vasos. Quantos pacotes ele ainda teria de comprar para completar 3 kg de terra?

_____

_____

3) Lucília precisava comprar café. No supermercado, havia apenas embalagens de $\frac{1}{4}$ de kg. Quantas embalagens ela terá de comprar para completar 1 kg de café?

_____

4) Marcos comprou 3 pacotes de 50 kg de cimento e 7 pacotes de 20 kg de areia para fazer uma reforma. Ele comprou mais quilogramas de areia ou de cimento?

_____

5 Veja a quantidade de produtos arrecadados em uma campanha de alimentos para pessoas necessitadas e complete a tabela como no exemplo.

Quantidade de embalagens	Produto	Total arrecadado de cada produto
12	Arroz 5 kg	12 × 5 = 60 60 kg
23	Feijão 1 kg	
16	Sal 1 kg	
20	Espaguete 500 g	
25	Polpa de tomate 520 g	
30	Achocolatado 200 g	
32	Biscoito salgado 250 g	

Quantos quilogramas de produtos foram arrecadados no total?

_____

6 Para fazer uma receita de bolo, Juliana usa 4 xícaras com 250 g de farinha em cada uma. Dona Mercedes, para fazer a mesma receita, usa o pacote inteiro com 1 kg de farinha. Qual delas usa mais farinha?

7 Para fazer um churrasco, Liliane comprou 3 kg de linguiça, 3 pacotes com meio quilo de asa de frango, 2 kg de picanha e 500 gramas de lombo temperado.

Normalmente, em um churrasco cada pessoa come 350 g de carne. Liliane convidou 18 pessoas. A quantidade de carne que ela comprou é suficiente para todos os convidados?

8 Minha mãe comprou 2 kg e meio de milho para pipoca em pacotes de 500 g. Quantos pacotes de milho ela comprou?

9 Se uma folha de papel pesa 10 g, quanto pesa um pacote com 100 folhas do mesmo tipo? Escreva a resposta em quilos.

> **SAIBA MAIS**

Lixo urbano

A maior parte do lixo gerado pelas pessoas vai para os aterros ou lixões. Todos os dias, toneladas de lixo são descarregadas nesses locais.

No Acre, por exemplo, diariamente são coletados 565 toneladas de lixo e, dessa quantidade, apenas 473 toneladas têm destino adequado.

1 tonelada = 1 000 quilos

Homem no lixão de Paudalho, Pernambuco.

Na maioria das cidades brasileiras não há coleta seletiva nem mesmo aterros sanitários. Então, o lixo é descartado sem nenhum cuidado. O líquido que escorre do lixo se infiltra no solo e o contamina até chegar aos lençóis de água.

Além da contaminação provocada pelo lixo, outra situação preocupante é pessoas vasculharem os montes de lixo em busca de algo que possa ser útil para elas.

BRINCANDO

1 Vamos cozinhar?

Que tal fazer uma saborosa receita de sorvete caseiro de leite? Você vai precisar da ajuda de um adulto.

Ingredientes:
- 500 mL de leite morno;
- 12 gramas de gelatina sem sabor;
- 6 colheres de sopa (120 gramas) de leite em pó;
- 1 caixa de leite condensado;
- 1 caixa de creme de leite.

Modo de fazer
1. Dissolva a gelatina em 5 colheres de sopa de água quente e bata todos os ingredientes no liquidificador.
2. Coloque em um recipiente plástico e leve ao congelador por 2 horas.
3. Retire do congelador e bata novamente o sorvete em uma batedeira.
4. Coloque em um recipiente maior e leve ao congelador por mais 4 horas. Pronto, é só saborear seu sorvete!

GEOMETRIA

UNIDADE 14

Linhas abertas e linhas fechadas

A professora desenhou algumas linhas na lousa.

Elas podem ser classificadas de várias maneiras.

Linhas abertas simples

Como não se fecham, essas linhas são abertas e, por não se cruzarem quando são traçadas, são **simples**.

Linhas abertas não simples

Essas linhas também são abertas, mas, por se cruzarem quando são traçadas, são **não simples**.

Linhas fechadas simples

Essas linhas são fechadas. Como não se cruzam em seu traçado, são **simples**.

Linhas fechadas não simples

Essas linhas também são fechadas, mas cruzam-se em seu traçado e, por isso, são **não simples**.

ATIVIDADES

1 Contorne com lápis de cor 🟢 as linhas abertas simples.

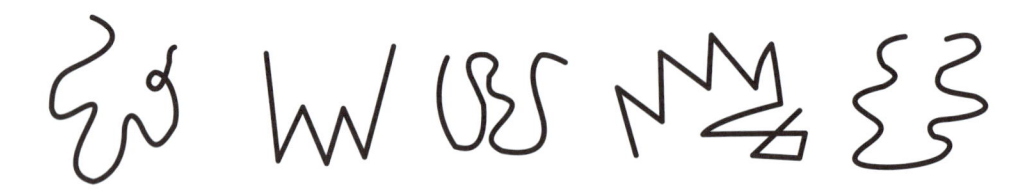

2 Agora, contorne com lápis de cor 🔵 as linhas fechadas não simples.

3 Verifique a classificação atribuída a cada linha e assinale a opção **V** se for verdadeira e **F** se for falsa. Caso o item seja falso, escreva o nome correto do tipo de linha.

a) Linha fechada simples.

☐ V ☐ F

_____

_____

b) Linha fechada simples.

☐ V ☐ F

_____

_____

c) Linha aberta simples.

☐ V ☐ F

_____

_____

4 Faça, no caderno, um desenho que contenha:

- linhas abertas simples;
- linhas fechadas simples;
- linhas abertas não simples;
- linhas fechadas não simples.

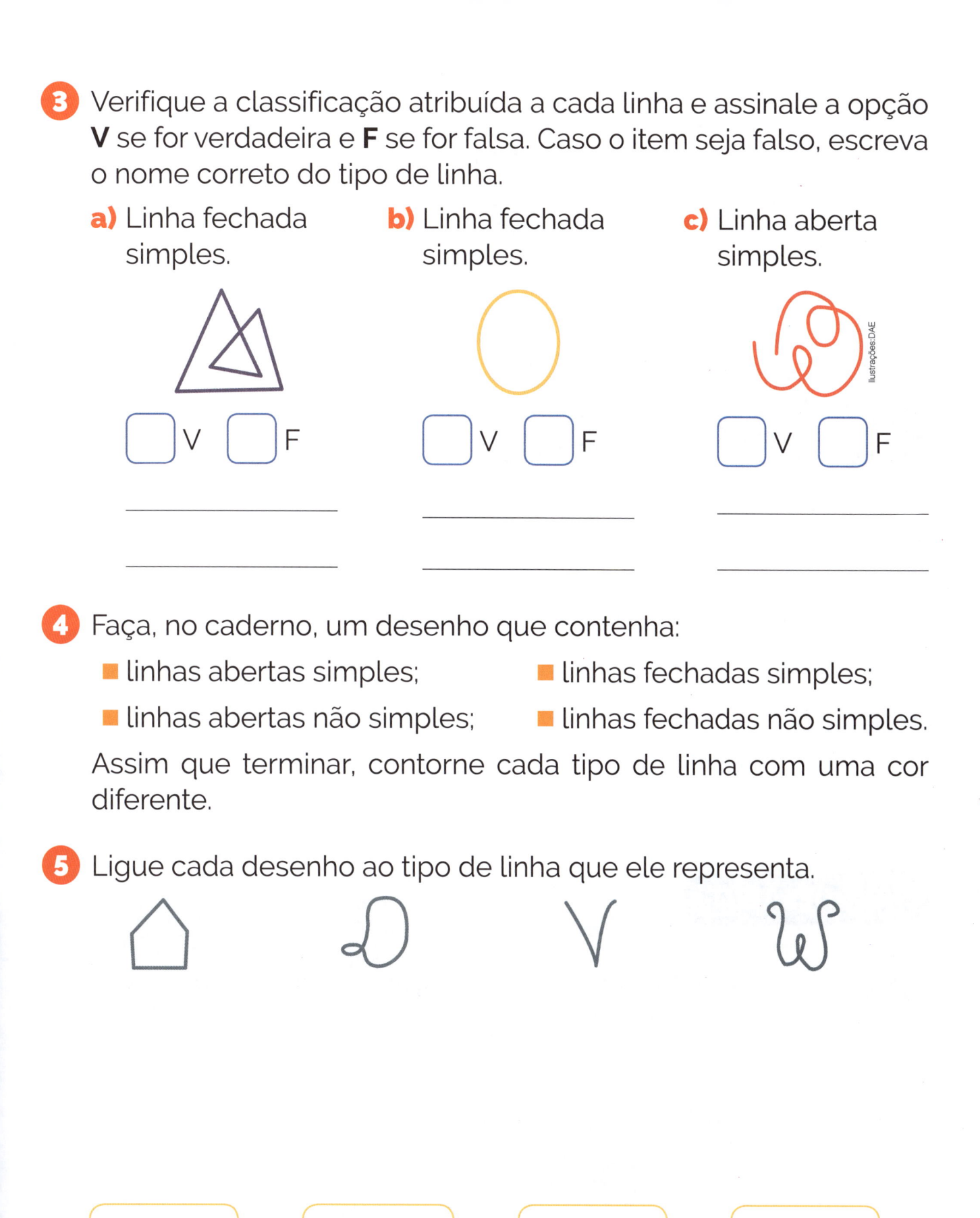

Assim que terminar, contorne cada tipo de linha com uma cor diferente.

5 Ligue cada desenho ao tipo de linha que ele representa.

linha aberta simples

linha aberta não simples

linha fechada simples

linha fechada não simples

Ponto e reta

A estrela brilhando no céu nos dá a ideia de um **ponto**. E a linha do horizonte nos dá a ideia de uma reta.

A **reta** não tem começo nem fim. Ela tem um número infinito de pontos.

Na Matemática, usamos letras maiúsculas para identificar os pontos e letras minúsculas para identificar as retas.

• A
r
• B
s

Lemos: ponto **A**, ponto **B**, reta *r* e reta *s*.

DESAFIO

1 Observe as retas e os pontos a seguir e preencha o quadro.

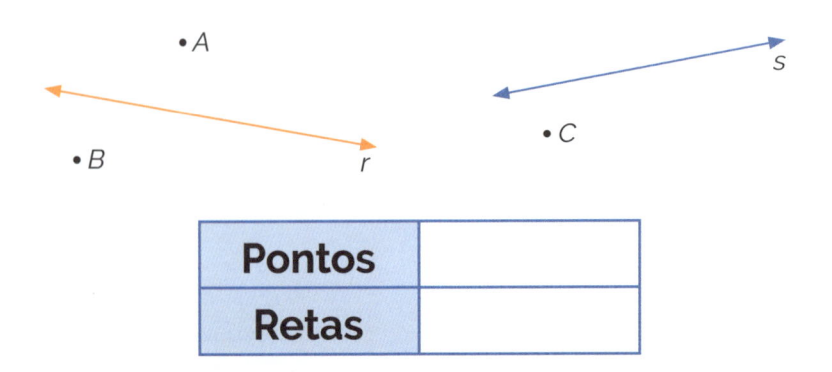

• A
• B
r
• C
s

Pontos	
Retas	

Por um **ponto** podem passar infinitas retas.

Por **dois pontos** só passa uma única reta.

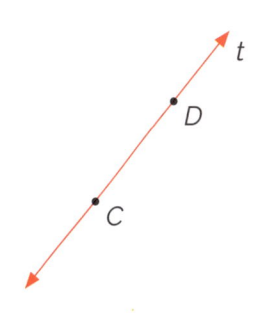

Com uma régua, podemos traçar partes de uma reta, ou seja, limitá-la por dois pontos. A linha que fica entre esses pontos é chamada **segmento de reta**.

Dessa forma, o segmento de reta pode ser medido, pois nele há início e fim.

Lemos: segmento **AB**. Representamos: $\overline{AB}$.

Observe como representamos alguns segmentos de reta:

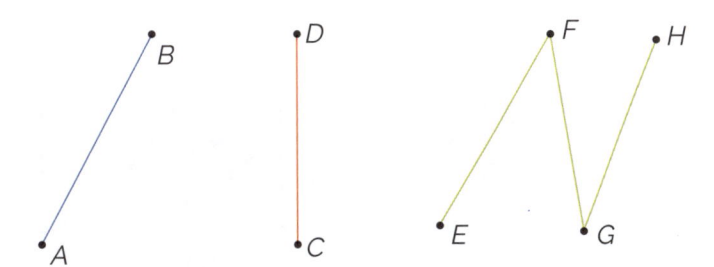

São segmentos de reta: $\overline{AB}$, $\overline{CD}$, $\overline{EF}$, $\overline{FG}$ e $\overline{GH}$.

ATIVIDADES

1 Com uma régua, trace os segmentos de reta nos pontos indicados e depois escreva o nome de cada segmento.

a)
A •   B •

_____

c)
D •   E •

C •

_____

e)
E •

F •

_____

b)
H •

G •   I •

_____

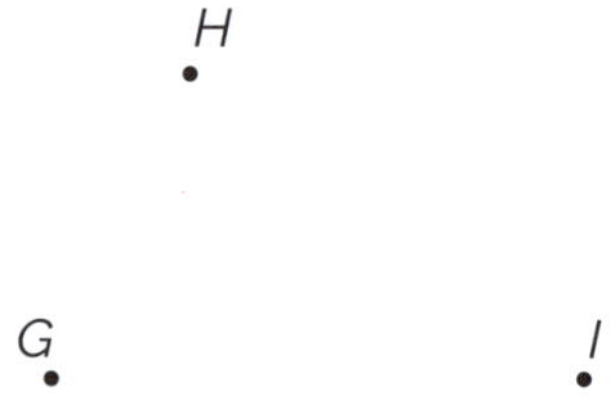

d)
L •   N •

J •   M •   O •

_____

2 Observe as linhas abaixo; informe a quantidade de segmentos e o nome de cada um.

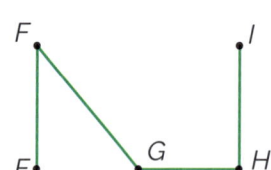

a) A-B-C-D

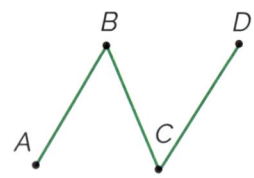

b) E-F-G-H-I

c) I-J-L-M-N-O

_____   _____   _____

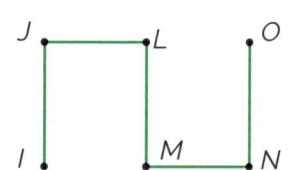

3 Com uma régua, trace um segmento:

a) $\overline{MN}$, de 8 cm;

b) $\overline{PQ}$, de 12 cm.

Deslocamentos

Veja a sala de aula em que Malu estuda com sua turma do 3º ano vista de cima.

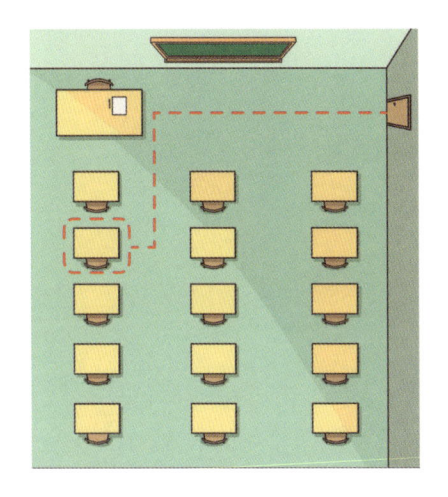

A carteira de Malu é a segunda carteira da fila que está bem na frente da mesa da professora Paula. O trajeto que Malu faz para ir até a porta é: levantar-se da carteira, caminhar em linha reta até a frente da sala, virar-se à direita e caminhar em linha reta até a porta.

Dudu senta na primeira carteira da fileira que está mais próxima da porta e Juca na última carteira dessa mesma fila.

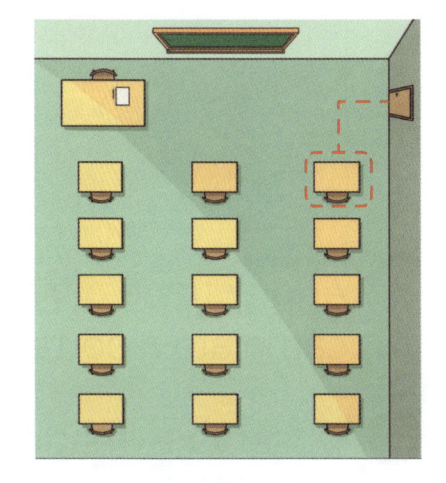

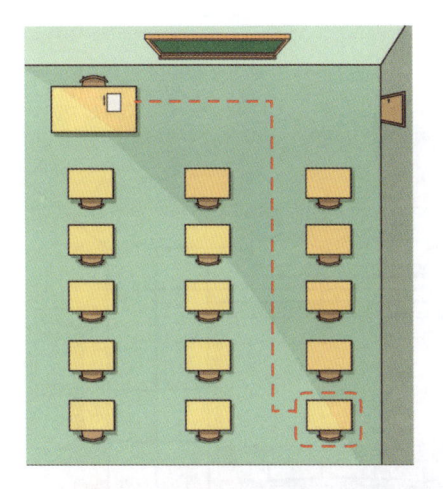

O trajeto que Juca faz para ir até a mesa da professora Paula é: levantar-se da carteira, caminhar em linha reta até a frente da sala e depois virar à esquerda e caminhar até a mesa da professora.

> Para descrever deslocamentos precisamos ter como referência o nosso corpo ou um objeto, e usamos para isso termos como **à frente, ao lado**, **à esquerda** e **à direita**.

ATIVIDADES

1) Faça um desenho do seu quarto visto de cima. Represente os móveis, a porta e a janela.

Agora, trace o trajeto que você considera mais fácil para ir da sua cama até a porta.

2) Observe a imagem ao lado e faça o que se pede:

a) desenhe um gato em cima do sofá;

b) escreva o caminho do gato até a janela.

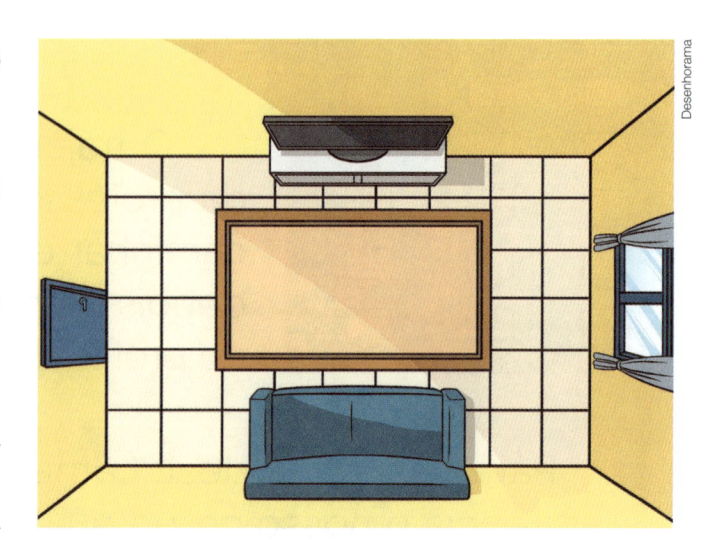

_____

_____

_____

3 O mapa a seguir mostra parte das ruas do bairro onde Clara e Marina moram. No ponto **A**, está a casa de Clara, e no ponto **B**, a casa de Marina.

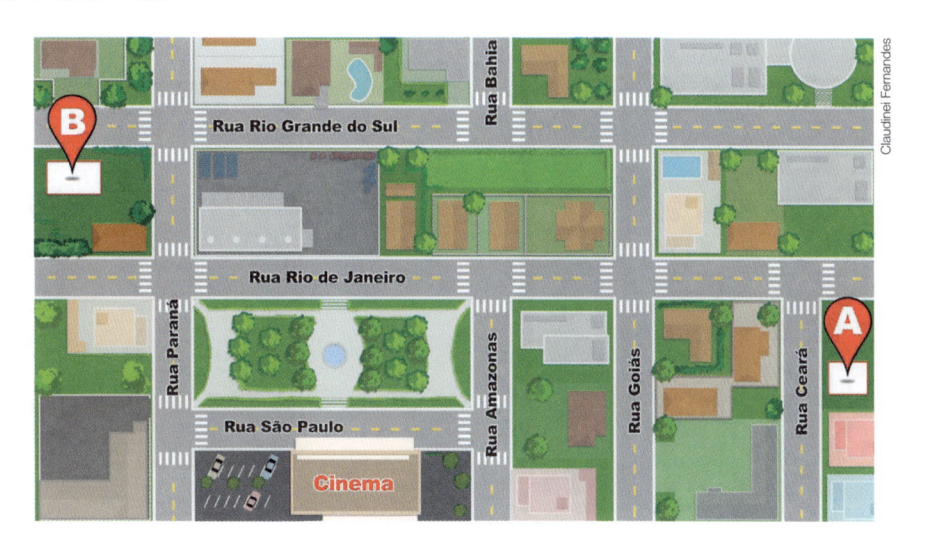

Descreva um caminho que Clara pode fazer para ir da casa dela até a casa de Marina.

_____

_____

_____

4 Faça o esboço da sua sala de aula e indique seu lugar e o lugar de dois colegas de sua turma.

Polígonos

Em muitas situações, podemos identificar formas que lembram polígonos.

Os desenhos do azulejo lembram triângulos, quadrados e losangos.

Os alvéolos das colmeias das abelhas lembram o hexágono, figura geométrica plana formada por seis lados.

Polígonos são linhas fechadas simples formadas por segmentos de reta.

Cada segmento de reta é um **lado** do polígono.
Vamos conhecer alguns polígonos?

Os polígonos formados por **três** lados são chamados **triângulos**. Observe os triângulos a seguir:

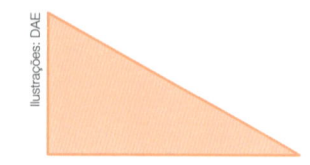

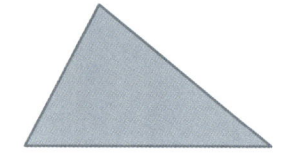

Os polígonos formados por **quatro** lados são chamados de **quadriláteros**. O quadrado, o retângulo e o losango são exemplos de quadriláteros.

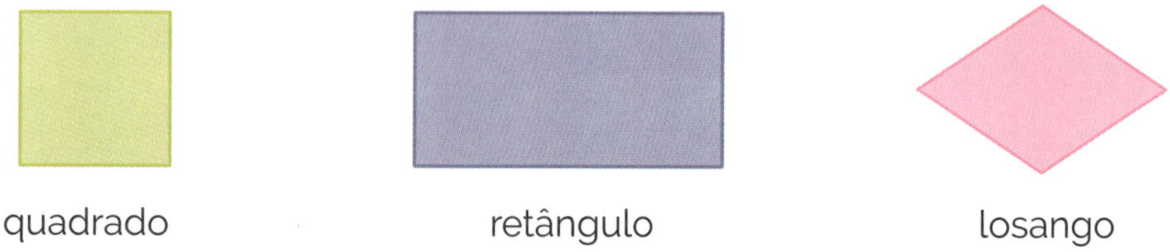

quadrado   retângulo   losango

Há polígonos formados por **cinco ou mais lados**.
Veja alguns exemplos.

pentágono

hexágono

ATIVIDADES

1) Escreva o nome dos polígonos abaixo e contorne cada um de uma cor.

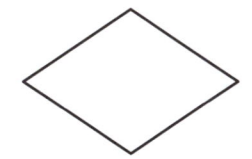

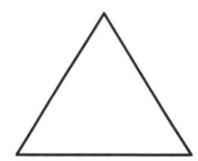

_____   _____   _____   _____

2) Responda:

a) O que são polígonos?

_____

_____

b) Qual é o nome do polígono formado por três lados?

_____

c) Como se chamam os polígonos formados por quatro lados?

_____

3) Faça um desenho no caderno formado somente por quadriláteros.

4 Usando uma régua, complete os segmentos de reta a seguir, formando:

a) um triângulo

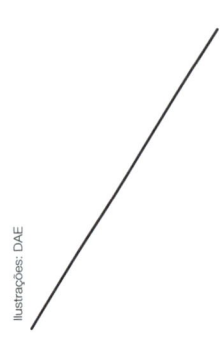

b) um retângulo

5 Identifique e contorne o polígono intruso na sequência a seguir.

a) Quantos lados tem e qual é o nome do polígono intruso?

_____

6 Qual é a diferença entre os polígonos a seguir?

_____

Circunferência e círculo

Observe as fotografias:

O formato dos objetos parecem com a forma de uma circunferência.

> **Circunferência** é uma linha fechada simples cujos pontos estão à mesma distância de um ponto fixo chamado **centro**.

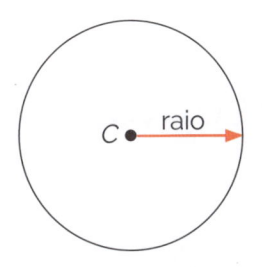

O ponto *C* é o centro da circunferência. A distância do centro à circunferência é chamada de **raio**.

Agora pinte a região interna da circunferência ao lado.

Você obterá a figura geométrica chamada **círculo**.

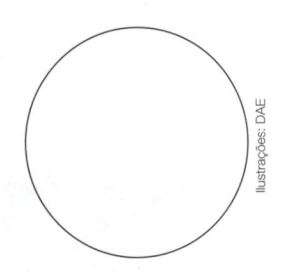

> **Círculo** é formado pela circunferência e sua região interna.

ATIVIDADES

1 Desenhe uma circunferência usando uma moeda e depois pinte o interior da figura para obter um círculo.

2 Desenhe um bambolê nas mãos de Iamara. O que você desenhou é mais parecido com uma circunferência ou com um círculo?

_____

SAIBA MAIS

Construções circulares

Muitas construções têm formato circular, desde residências, como as ocas indígenas, até monumentos históricos, como o famoso Coliseu, construído em Roma, na Itália, entre 70 d.C. e 90 d.C.

Arena de Verona, em Verona, Itália.

Iglu.

Atualmente, na arquitetura moderna, há construções com formato circular, como estádios de futebol e prédios empresariais.

Estádio Nacional em Brasília, Distrito Federal.

Prédio em Abu Dhabi, Emirados Árabes Unidos.

Simetria

Você já ouviu falar em simetria? Observe as imagens a seguir.

Taj Mahal, na Índia, uma das construções mais importantes da humanidade.

Vaso estilo ânfora grega.

Você reparou que a linha tracejada vertical divide a construção e o objeto em duas partes iguais?

A linha tracejada é o **eixo de simetria**.

ATIVIDADES

1 Pinte os quadradinhos da malha, a partir do eixo de simetria, para completar a metade da figura.

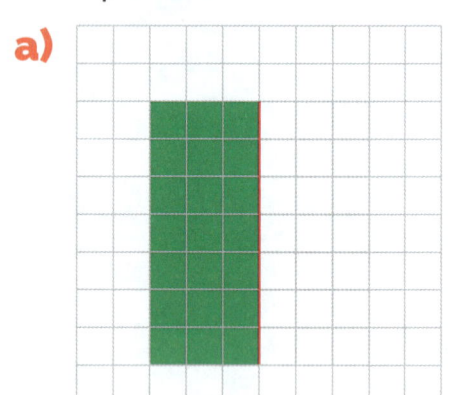

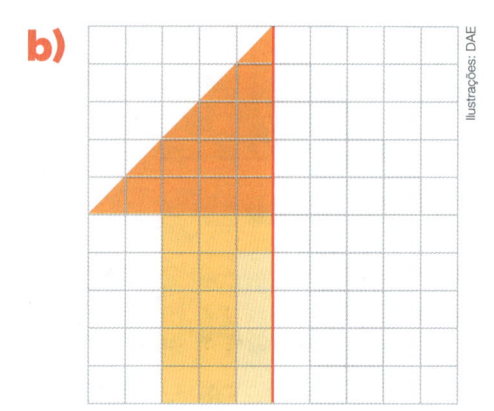

a)

b)

2 Com uma régua, trace um eixo de simetria na imagem da borboleta.

3 Observe as imagens e marque um **X** naquelas que **não** são simétricas.

Congruência de figuras

A professora Nanci fez uma brincadeira com os alunos.

Ela pendurou um cartaz com figuras, e cada aluno recebeu um adesivo que deveria ser colado na figura correspondente do cartaz. Veja:

Observe como Alessandro colou o adesivo que recebeu.

Quando figuras têm a mesma forma e tamanho, dizemos que elas são **figuras congruentes**.

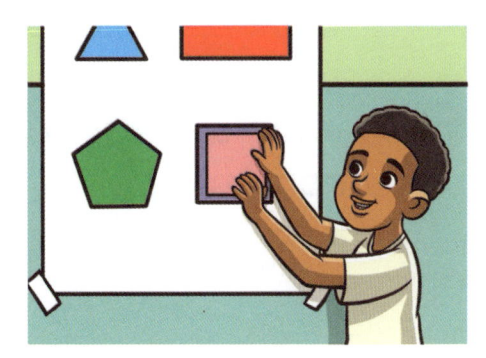

BRINCANDO

1. **Tangram** é um quebra-cabeça formado por sete peças. Com elas podemos formar várias outras figuras.

   Recorte o Tangram do encarte da **página 251** e monte algumas composições com ele.

DESAFIO

1. Forme um quadrado usando dois triângulos do Tangram.

ATIVIDADES

1 Com lápis de cor, pinte todas as figuras do Tangram, use a mesma cor para pintar as figuras congruentes.

Agora, pegue duas figuras congruentes no seu Tangram e coloque uma sobre a outra. Depois, pegue duas figuras que não são congruentes e faça a mesma coisa. O que acontece com as figuras?

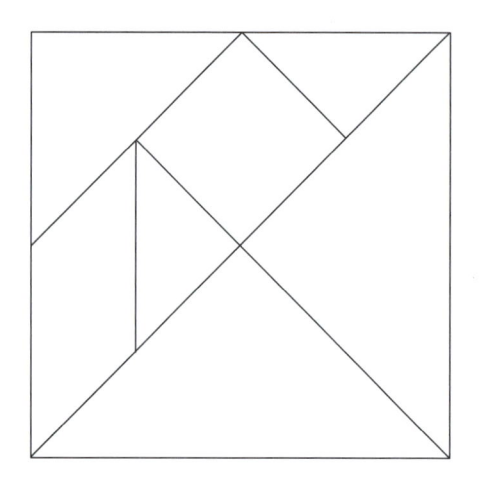

_____

_____

2 Marque um **X** no par de figuras que, juntas, formam uma figura congruente a esta:

3 Assinale a figura que **não** é congruente com as outras figuras.

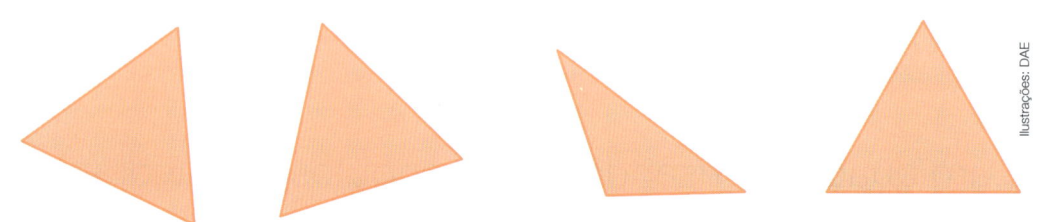

Sólidos geométricos

Ao nosso redor, muitos objetos parecem figuras geométricas.

Vamos conhecer as características e os nomes de alguns sólidos geométricos.

O **cubo** tem seis **faces** iguais que são polígonos, e esses polígonos são **quadrados**. Faces são superfícies planas que compõem os sólidos geométricos.

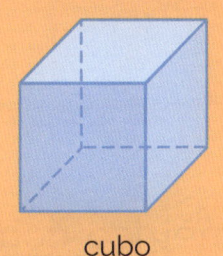

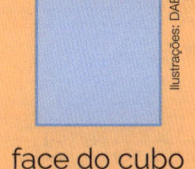

cubo

face do cubo

O **bloco retangular** tem seis faces que são polígonos, e esses polígonos são **retângulos**.

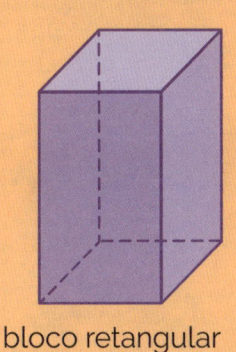

bloco retangular

faces do bloco retangular

O **cone** tem uma superfície inferior plana, chamada de base, e uma superfície lateral não plana. A base do cone é um círculo.

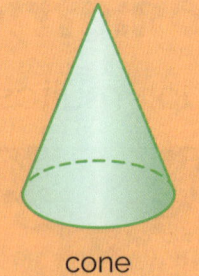

cone

base do cone

O **cilindro** tem três superfícies: as superfícies planas superior e inferior, que são círculos e são chamadas de **bases**, e uma superfície não plana – a lateral.

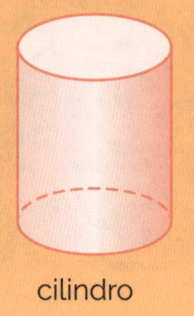

cilindro

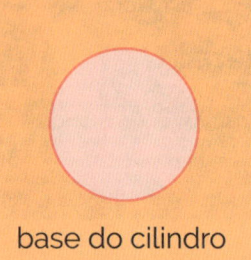

base do cilindro

A **esfera** é o sólido geométrico com toda a superfície curva.

esfera

ATIVIDADES

1 Escreva o nome do sólido geométrico com que estes objetos parecem.

a) _____

b) _____

c) _____

d) _____

e) _____

f) _____

2 Relacione as sentenças com a figura correta.

a) Suas bases têm formato de círculo.

b) Sólido geométrico com toda a superfície curva.

c) Suas faces têm formato quadrado.

d) Sua base também é um círculo, mas esse sólido lembra um chapéu de aniversário.

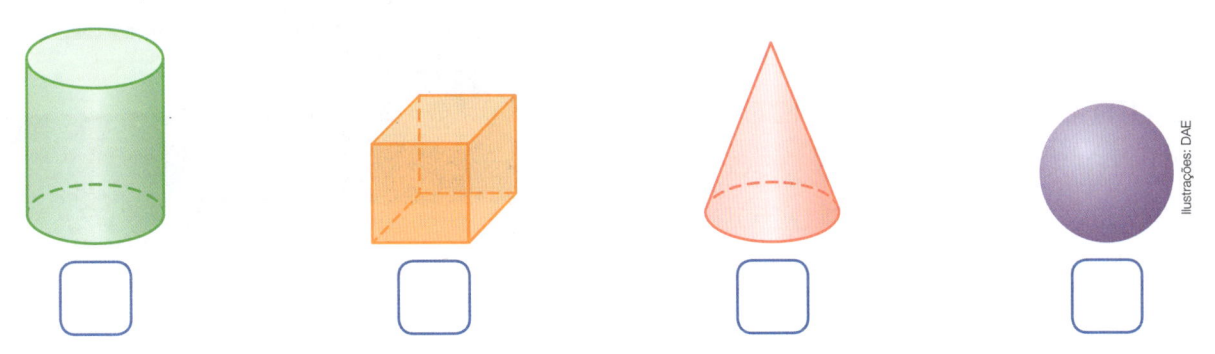

PESQUISANDO

1 Pesquise e recorte de revistas imagens de objetos cujo formato pareça com os sólidos geométricos estudados. Depois, cole-as no caderno.

2 Observe uma caixa de leite e todas as suas faces. Em seguida, complete o quadro.

Represente a caixa com um desenho.	Com que sólido geométrico ela parece?	Quantas faces a caixa tem?	Quantos lados tem cada face?	O formato das faces parece com qual polígono?

BRINCANDO

1 Observe a obra de Piet Mondrian ao lado.

Alguns artistas utilizam figuras geométricas em suas obras de arte.

Agora o artista é você! Faça um desenho no caderno utilizando as figuras geométricas que você estudou neste capítulo.

Piet Mondrian. *Composição em vermelho, amarelo, azul e preto*, 1921. Óleo sobre tela, 59,5 cm × 59,5 cm.

SE LIGA NO DIGITAL

1 Estudamos anteriormente congruência de figuras. Agora, estudaremos um pouco a congruência de triângulos, mas de outra forma: por meio de uma ferramenta digital.

Junte-se a um colega e façam a atividade disponível no *link*: https://www.geogebra.org/m/A6mVf4gd (acesso em: 27 mar. 2019).

Na atividade, vocês terão de encontrar os pares de triângulos congruentes. Com o cursor do *mouse*, arrastem os triângulos, de forma que eles fiquem sobrepostos. Vocês podem mover um dos vértices para girar os triângulos e colocá-los em outra posição. Se necessário, utilizem as "réguas" na parte inferior da tela.

Agora, respondam:
- Quais pares de triângulos são congruentes?

UNIDADE 15
PROBABILIDADE E ESTATÍSTICA

Provável ou improvável

Tia Rita comprou um brinquedo e decidiu sorteá-lo entre seus quatro sobrinhos.

Para isso, cada um deles escreveu o nome em um pedaço de papel e o colocou em uma pequena caixa. Mas eles decidiram que seria um sorteio diferente.

Tia Rita iria sortear o nome de um sobrinho, depois de outro e mais um, e ganharia o brinquedo o sobrinho que não fosse sorteado, ou seja, o nome que ela não tirasse da caixa.

É muito provável ou pouco provável que o primeiro nome a ser sorteado seja o de Rian?

Pode ser que Rian seja o primeiro a ser sorteado, mas é **pouco provável**, já que há quatro crianças participando desse sorteio.

Tia Rita já tirou dois nomes: Luciana e Vítor. É provável, improvável ou impossível que Luciana ou Vítor ganhe o brinquedo?

É **impossível** que Luciana ou Vítor ganhe o brinquedo, pois o combinado é que somente o nome que não fosse retirado ganharia o brinquedo.

O terceiro nome a ser retirado foi o de Rian. Por isso, é **certo** que Marcele será a ganhadora do brinquedo.

ATIVIDADES

1 Renato colocou 12 bolinhas iguais em uma caixa, sendo 1 bolinha verde, 7 bolinhas vermelhas e 4 bolinhas azuis. Sem olhar dentro da caixa, Renato vai sortear uma bolinha:

a) É mais provável que ele retire uma bolinha de qual cor? Por quê?

_____

b) Qual cor da bolinha é menos provável de ser retirada? Por quê?

_____

c) É possível ou impossível que Renato retire uma bolinha amarela dessa caixa? Por quê?

_____

2 Pinte as bandeirinhas abaixo com as seguintes cores: 🟣, 🟢 e 🟠, de maneira que, se elas forem colocadas em uma caixa, haja mais chances de sortear uma bandeirinha da cor 🟢 e menos chances de retirar uma bandeirinha 🟠.

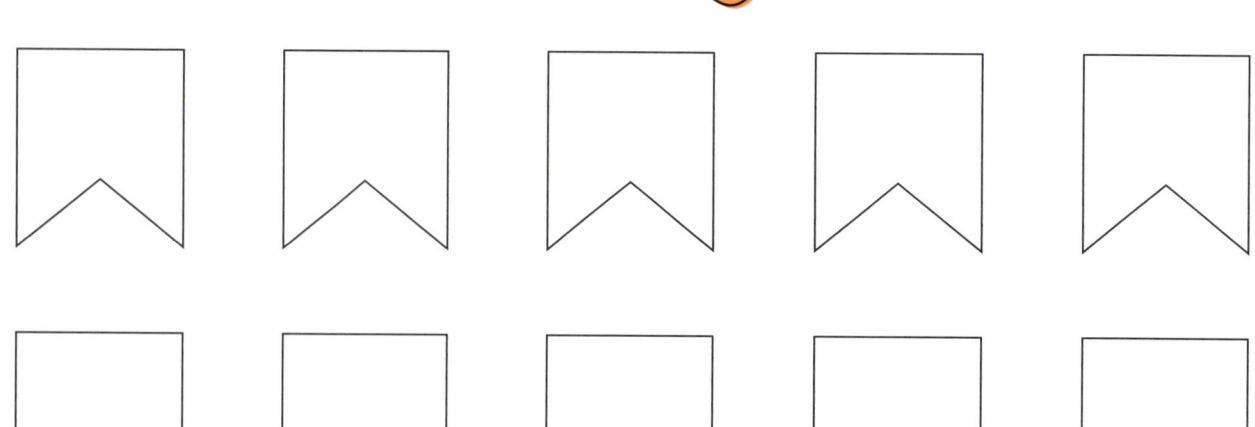

3 A professora Lúcia pediu que seus alunos anotassem em um pedaço de papel, sem que ela visse, o nome de um animal entre rato, coelho e esquilo. Ela colocou os papéis dobrados em uma urna para realizar o sorteio.

No total, 8 alunos escreveram esquilo, 12 alunos escreveram coelho e 6 alunos escreveram rato.

a) Ao sortear um papel, a professora tem mais chances de ler coelho ou rato? _____

b) Ao sortear um papel, a professora tem mais chances de ler esquilo ou rato? _____

c) Ao sortear um papel, a professora tem mais chances de ler coelho ou esquilo? _____

d) Ao sortear um papel, a professora tem menos chances de ler rato, coelho ou esquilo? _____

4 Observe a imagem a seguir.

É provável, improvável ou impossível que chova em um dia com o clima da foto? _____

Registro de informações em tabelas e gráficos

Betina trabalha em uma granja e todos os dias registra em uma tabela a quantidade de ovos que as galinhas botam.

Segunda	Terça	Quarta	Quinta	Sexta	Sábado	Domingo
12	8	10	11	13	7	9

Para mostrar as informações ao gerente, Betina decidiu fazer um gráfico. Veja como ela fez:

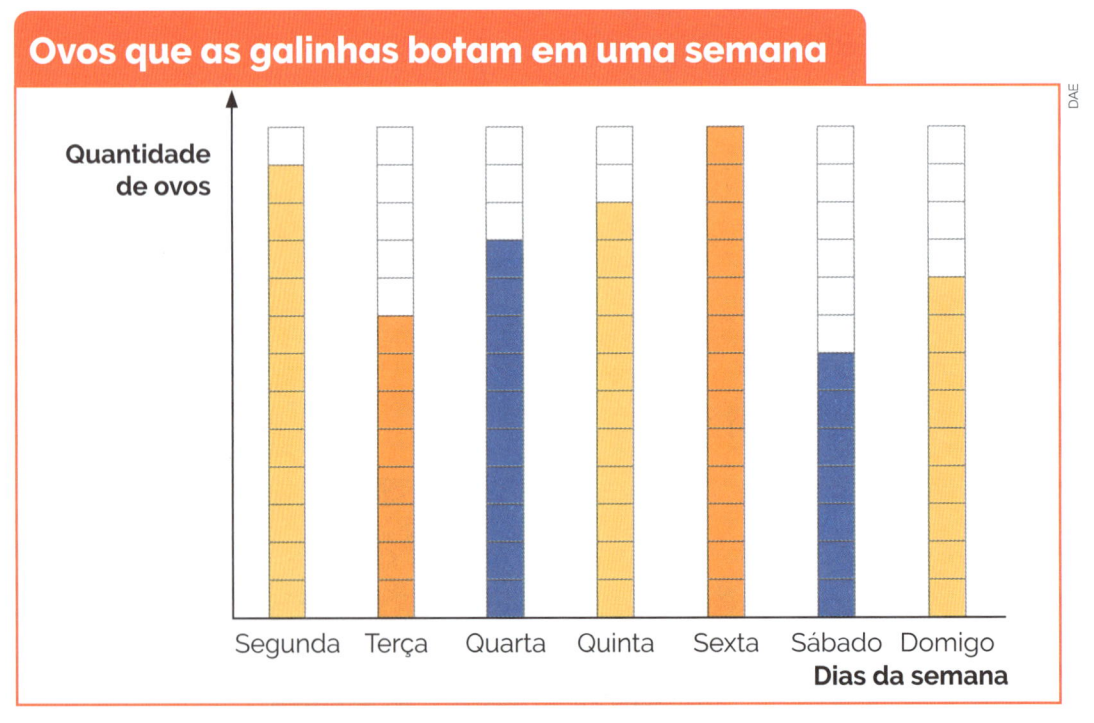

Ovos que as galinhas botam em uma semana

(Quantidade de ovos / Dias da semana: Segunda, Terça, Quarta, Quinta, Sexta, Sábado, Domingo)

Fonte: Dados coletados por Betina.

Betina determinou uma coluna de quadradinhos para cada dia da semana. Depois, ela pintou um quadradinho para cada ovo que recolheu, considerando o dia em que isso ocorreu.

ATIVIDADES

1 Observe as informações registradas por Betina na página anterior e responda:

a) Em qual dia da semana Betina recolheu uma dúzia de ovos?
_____

b) Em qual dia da semana Betina recolheu menos ovos?
_____

c) Em qual dia da semana Betina recolheu mais ovos?
_____

d) Quantos ovos Betina recolheu na quinta?
_____

e) Quantos ovos Betina recolheu durante toda a semana?
_____

2 André registrou os produtos que ele tem em seu mostruário de bijuterias.

Anéis	x	x	x	x	x	x			
Pares de brincos	x	x	x	x	x	x	x	x	
Colares	x	x	x						
Pulseiras	x	x	x	x	x	x			
Tornozeleiras	x	x							

Complete a tabela a seguir com as quantidades de cada produto:

Anéis	Pares de brincos	Colares	Pulseiras	Tornozeleiras

3 Ricardo fez um gráfico para as vendas de sua loja durante o período de um mês. Veja:

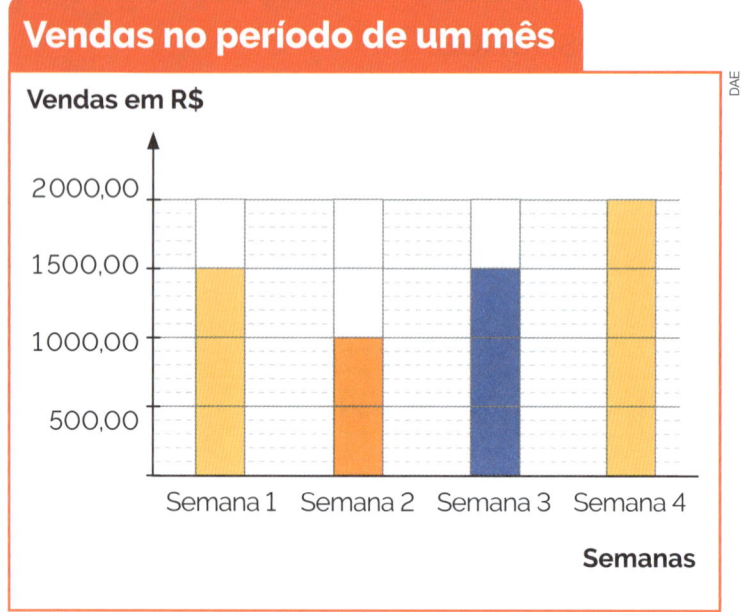

Vendas no período de um mês

Vendas em R$

- Semana 1: 1500,00
- Semana 2: 1000,00
- Semana 3: 1500,00
- Semana 4: 2000,00

Semanas

Fonte: Dados coletados por Ricardo.

Agora responda:

a) Em qual semana as vendas foram melhores na loja?

_____

b) Quanto vendeu na semana 1?

_____

c) Em qual semana a venda foi menor?

_____

d) Quanto a loja vendeu nesse mês?

_____

e) Complete a tabela com os valores vendidos por semana:

Semana 1	Semana 2	Semana 3	Semana 4

SE LIGA NO DIGITAL

1 Anote na tabela a seguir a quantidade de aniversariantes de cada mês de sua turma.

Jan.	Fev.	Mar.	Abr.	Maio	Jun.	Jul.	Ago.	Set.	Out.	Nov.	Dez.

2 Agora vamos construir um gráfico de barras utilizando uma planilha eletrônica.

1. Com a ajuda do professor, abra um novo arquivo em um programa de planilha eletrônica (LibreOffice) e escreva os dados que obteve no **item 1**, como mostra a imagem.

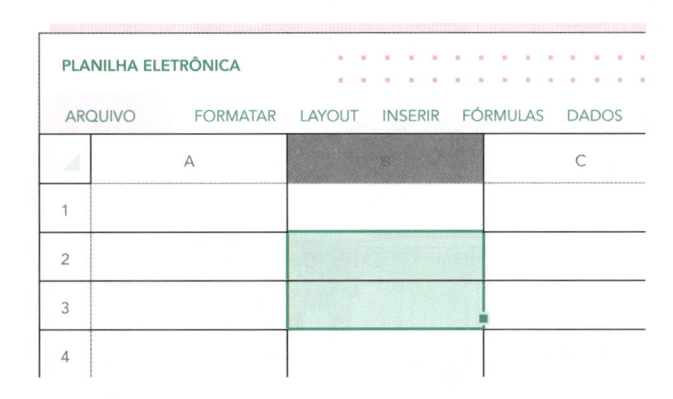

2. Em seguida, arrastando o *mouse*, selecione todas as informações e clique em "inserir".

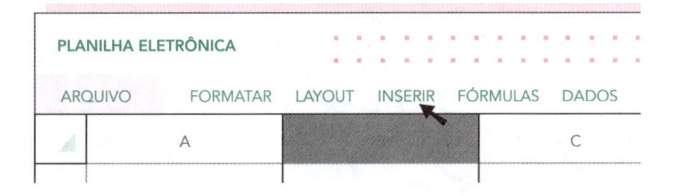

3. Clique no ícone de gráficos e escolha o tipo de gráfico "Coluna 2D". Seu gráfico, com base nos dados que você selecionou, vai aparecer pronto ao lado da tabela montada.

BRINQUE MAIS

1 Complete com o antecessor e o sucessor de cada número a seguir.

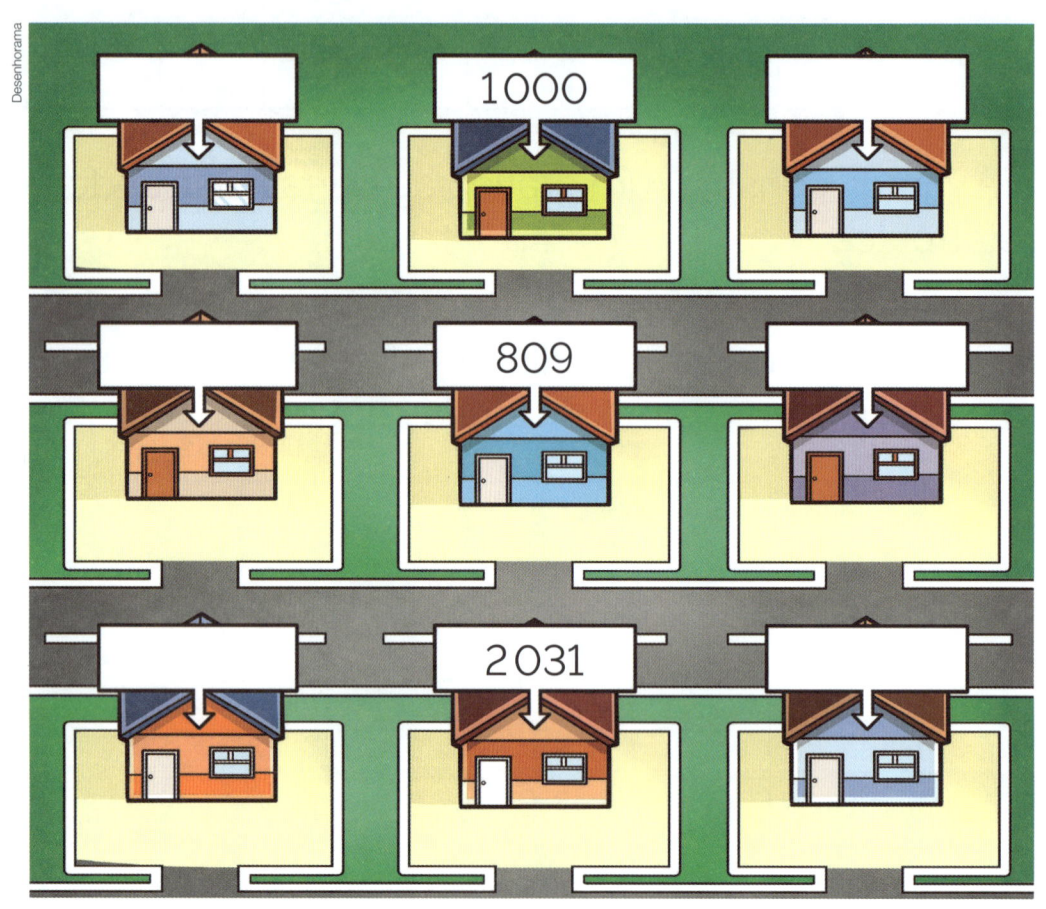

	1000	
	809	
	2031	

2 Escreva por extenso os números:

1027 → _____

893 → _____

BRINQUE MAIS

3 Faça as adições e depois escreva os resultados em ordem crescente.

756 + 112 = _____   531 + 429 = _____

2 123 + 728 = _____   1 234 + 1 355 = _____

_____

4 Vamos formar subtrações! Leia as orientações a seguir.

1. Junte-se a quatro ou cinco colegas e formem um grupo.
2. Desenhem nove quadrados iguais e numerem-nos com algarismos de 1 a 9, como no modelo abaixo.

| 1 | 2 | 3 | 4 | 5 | 6 | 7 | 8 | 9 |

3. Recortem os quadrados e coloquem-nos dentro de um saquinho para que sejam sorteados.
4. A cada rodada, um aluno deve retirar, um de cada vez, quatro algarismos que irão compor as casas do minuendo e, em seguida, três algarismos que irão compor as casas do subtraendo; depois deve obter o resultado e anotar em um papel.

____ ____ ____ ____   −   ____ ____ ____

5. O aluno deve, então, colocar os cartões de volta no saquinho para que o jogador seguinte faça um novo sorteio e obtenha seu resultado.
6. Vence o aluno que conseguir encontrar a maior diferença como resultado da subtração.

BRINQUE MAIS

5 Pinte os produtos de acordo com a legenda:

🟠 comprados por metro ou centímetro

🔵 comprados por quilograma ou gramas

🟢 comprados por mililitros ou litros

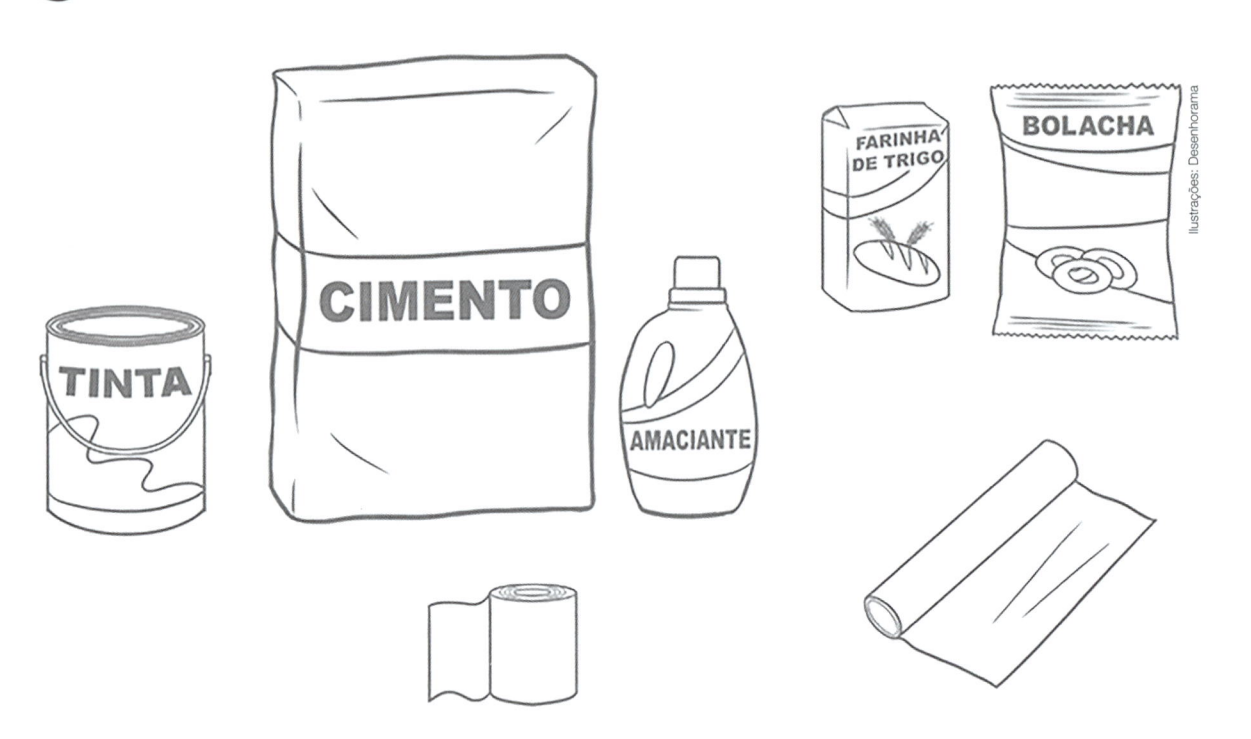

6 João fez uma compra no valor de R$ 127,00.

Assinale a alternativa que mostra uma maneira possível de ele ter feito o pagamento e depois calcule o valor do troco.

BRINQUE MAIS

7 Jogo dos cartões

1. Junte-se a alguns colegas e formem um grupo de três ou quatro alunos. Em uma folha de papel, façam cartões com os números e os sinais das quatro operações, como no modelo abaixo. Cada aluno deve fazer o próprio conjunto de cartões.

| 12 | 36 | 2 | 4 | 6 |
| 72 | × | ÷ | + | − |

2. Façam dois montes de cartões: um de números e outro com os cartões de sinais. Embaralhem cada monte separadamente e os coloquem virados para baixo.
3. A cada rodada, o jogador sorteia dois cartões de números e um de sinal.
4. Ele tenta realizar a operação sorteada e escreve o resultado em uma folha de papel.
5. Quando todos terminarem, conferem as contas do grupo. Quem acertar ganha um ponto.
6. Vence quem tiver mais pontos no final das rodadas que participar.

8 Se um tijolo pesa meio quilo mais meio tijolo e sabendo que dois tijolos pesam dois quilos, qual é o "peso" de três tijolos?

9 O que pesa mais: um quilo de algodão ou um quilo de chumbo?

10 Se 1 hora tem 60 minutos, quantas horas correspondem 180 minutos?

11 Se 1 kg corresponde a 1000 g, quantas gramas há em 16 kg?

BRINQUE MAIS

12 Numa escola foi feita uma pesquisa para saber o gênero musical preferido pelos alunos. Cada entrevistado tinha o direito de votar em um único gênero. Veja os resultados: *rock*: 40 alunos; sertanejo: 50 alunos; *pop*: 90 alunos; brancos e nulos: 10 alunos.

Sabendo que no gráfico cada quadrinho da barra equivale a 10 alunos, pinte os quadrinhos de acordo com o número de votos de cada gênero musical.

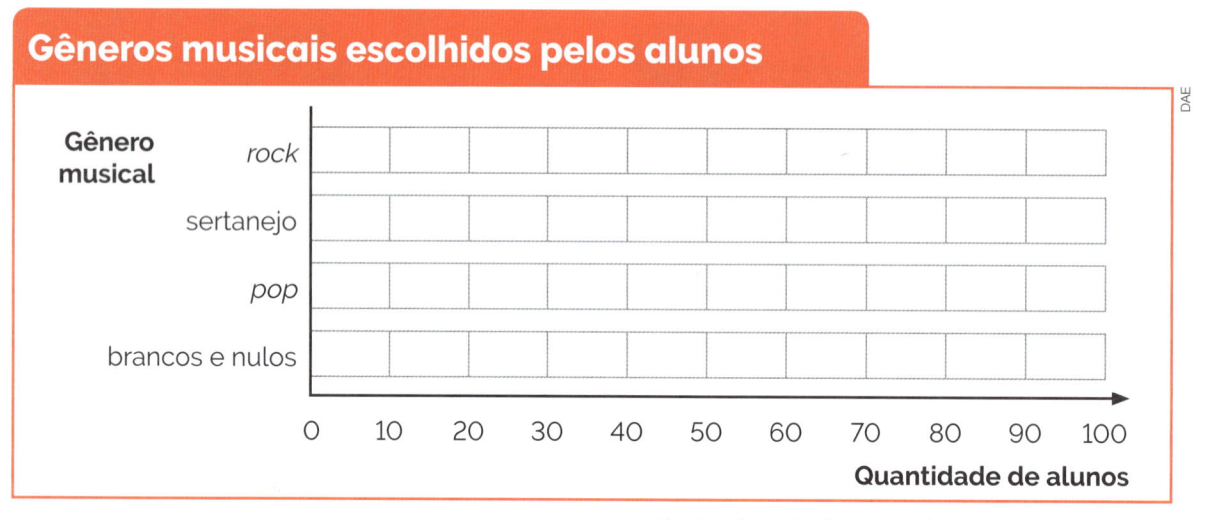

Gêneros musicais escolhidos pelos alunos

Gênero musical	
rock	
sertanejo	
pop	
brancos e nulos	

Quantidade de alunos: 0, 10, 20, 30, 40, 50, 60, 70, 80, 90, 100

Fonte: Comissão organizadora da pesquisa.

Agora responda:

a) Calcule o total de alunos que participaram da pesquisa.

_____

b) Se você tivesse pintado mais 2 quadradinhos na coluna do gênero *rock*, quantos alunos estariam representados?

_____

13 Observe a imagem e responda:

Se pegarmos um desses peixinhos sem olhar, é muito provável ou pouco provável que peguemos um peixe de cor laranja?

_____

Utilize estas peças na atividade 8 da **página 42**.

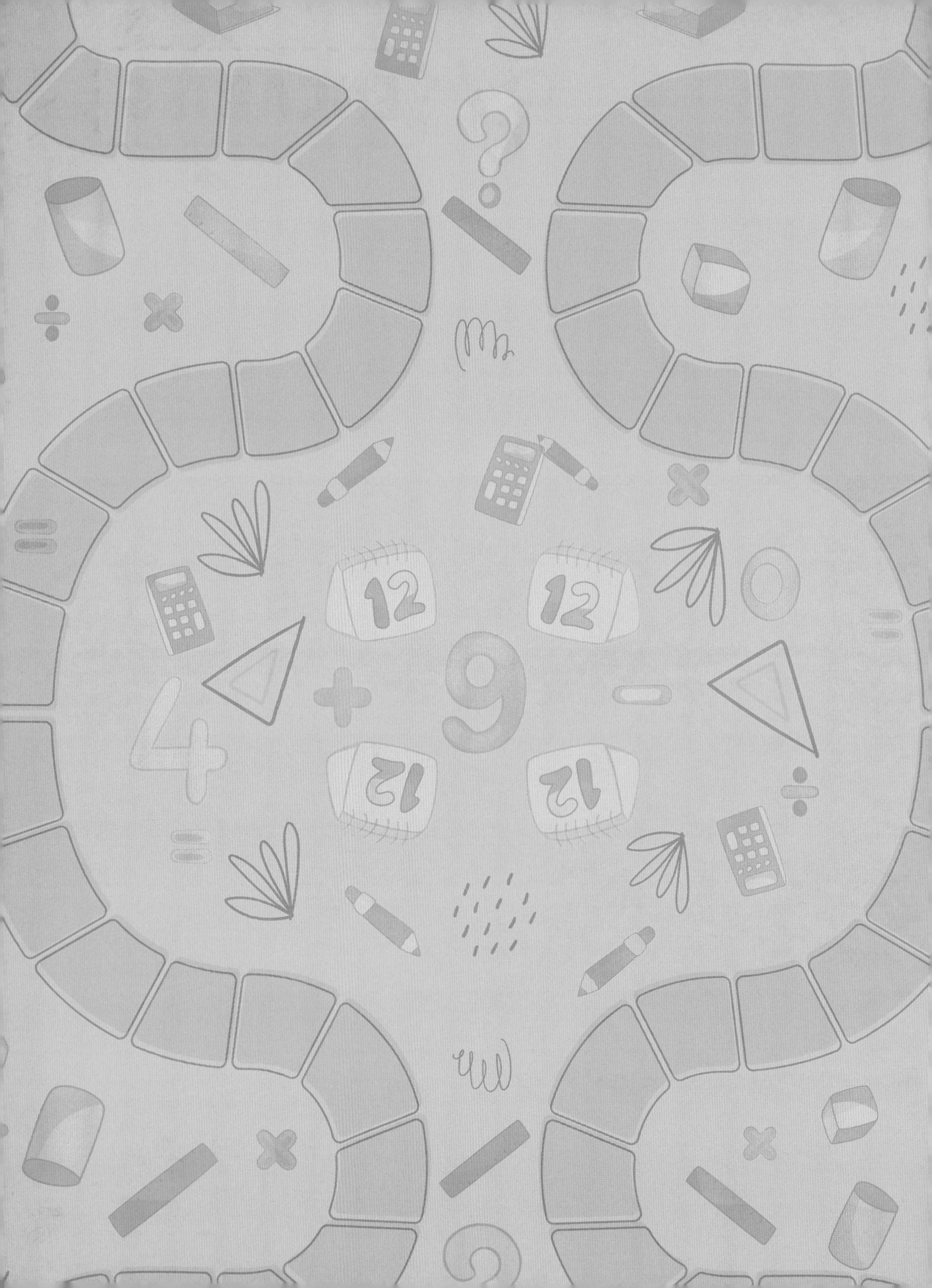

Utilize estas peças na brincadeira da **página 80**.

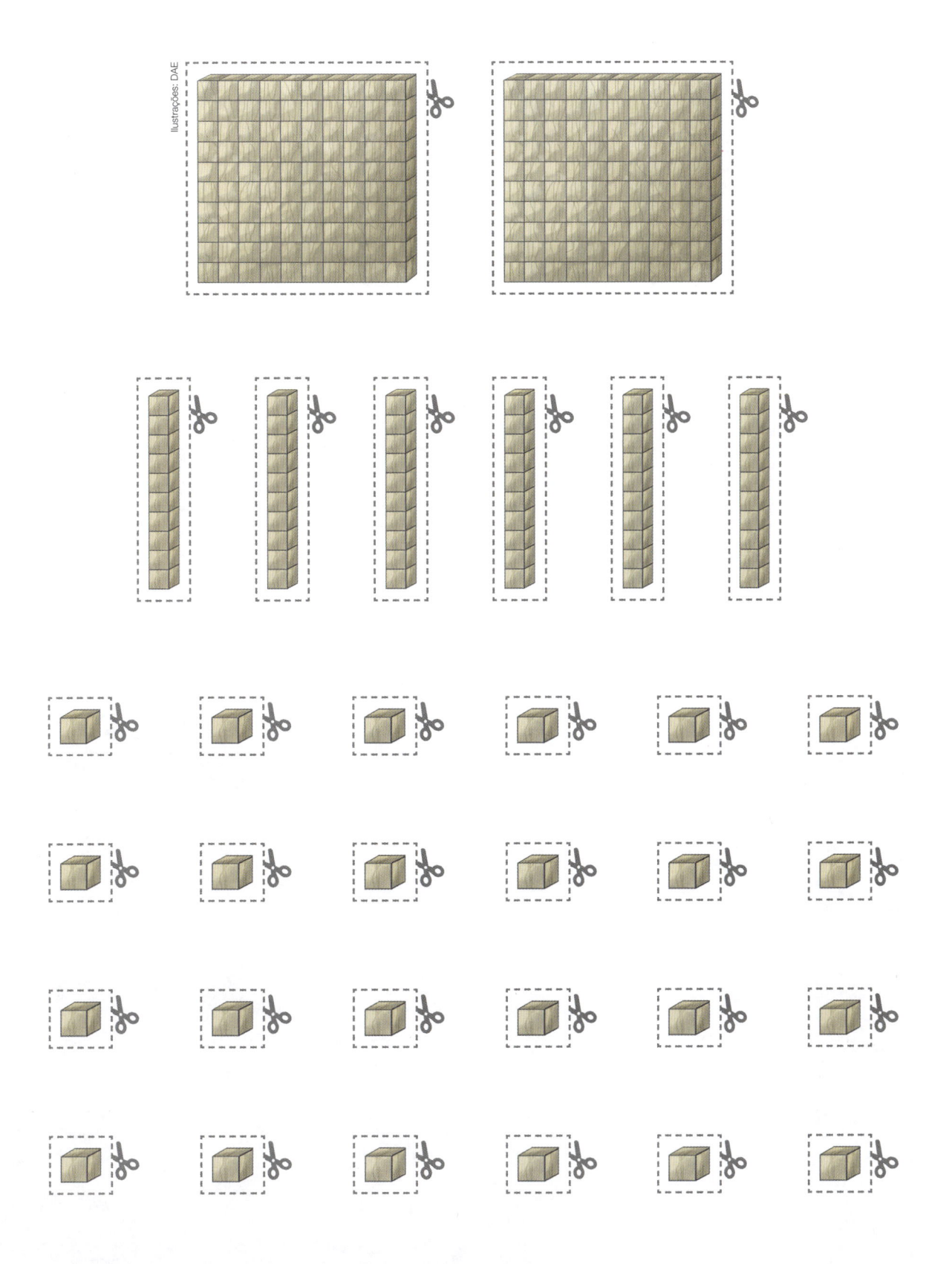

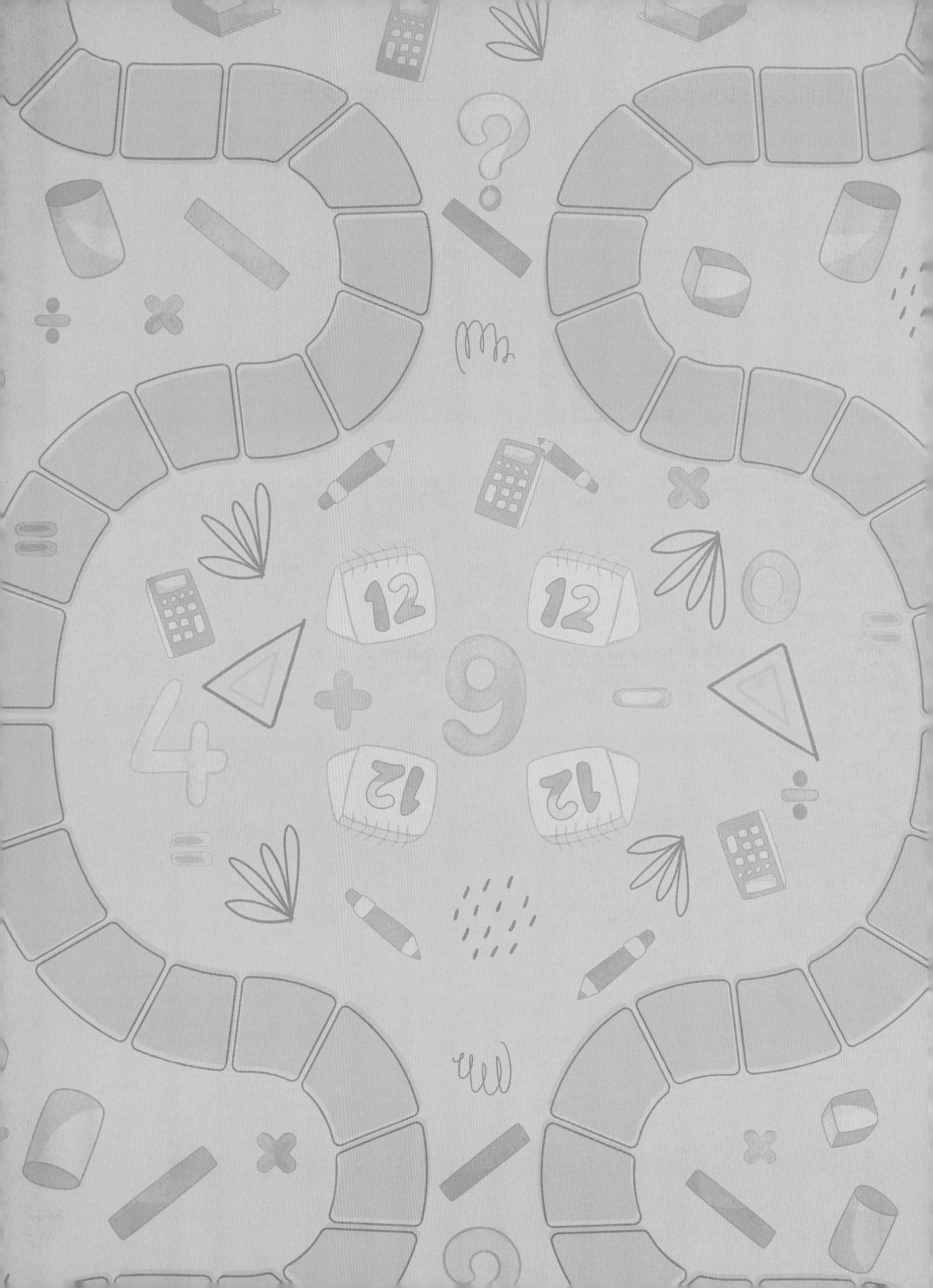

Utilize estas peças na brincadeira da **página 80**.

98	12	4
3	20	90
16	32	45

25	30	42
3	99	65
58	6	70

8	29	80
97	1	79
69	14	56

75	32	67
2	40	89
95	8	21

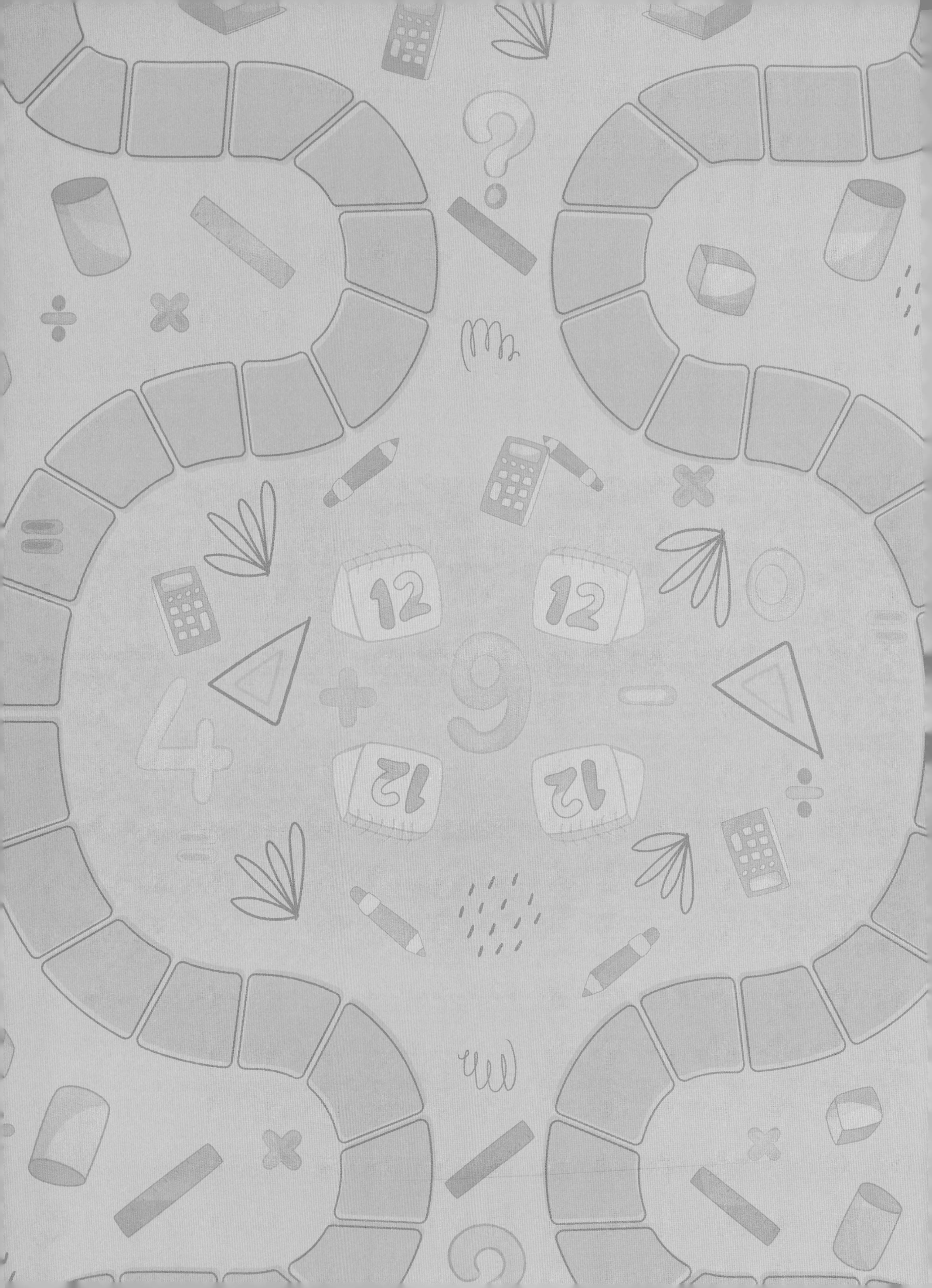

Utilize estas peças na brincadeira da **página 186**.

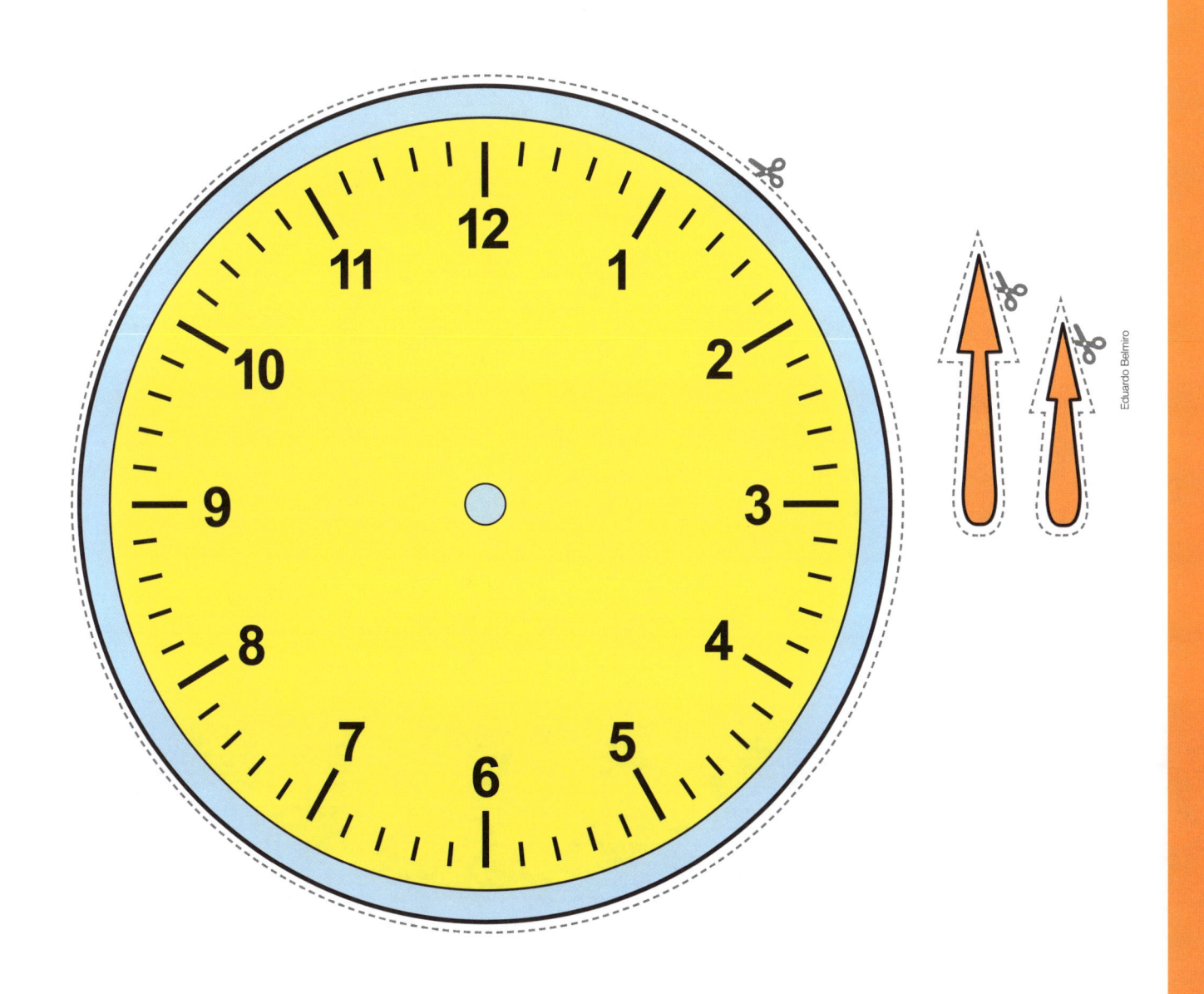

Eduardo Belmiro

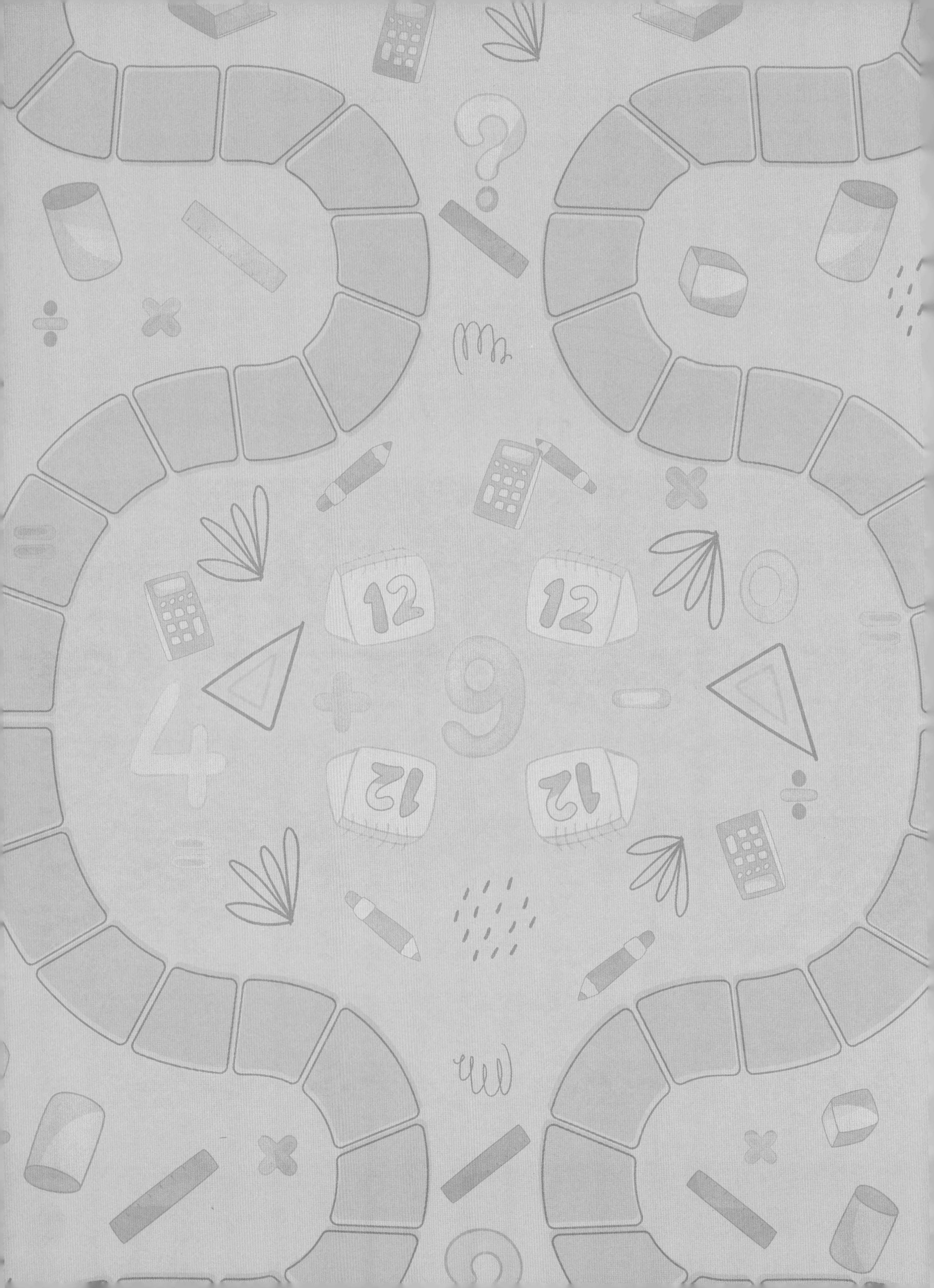

Utilize o Tangram na atividade da **página 225**.

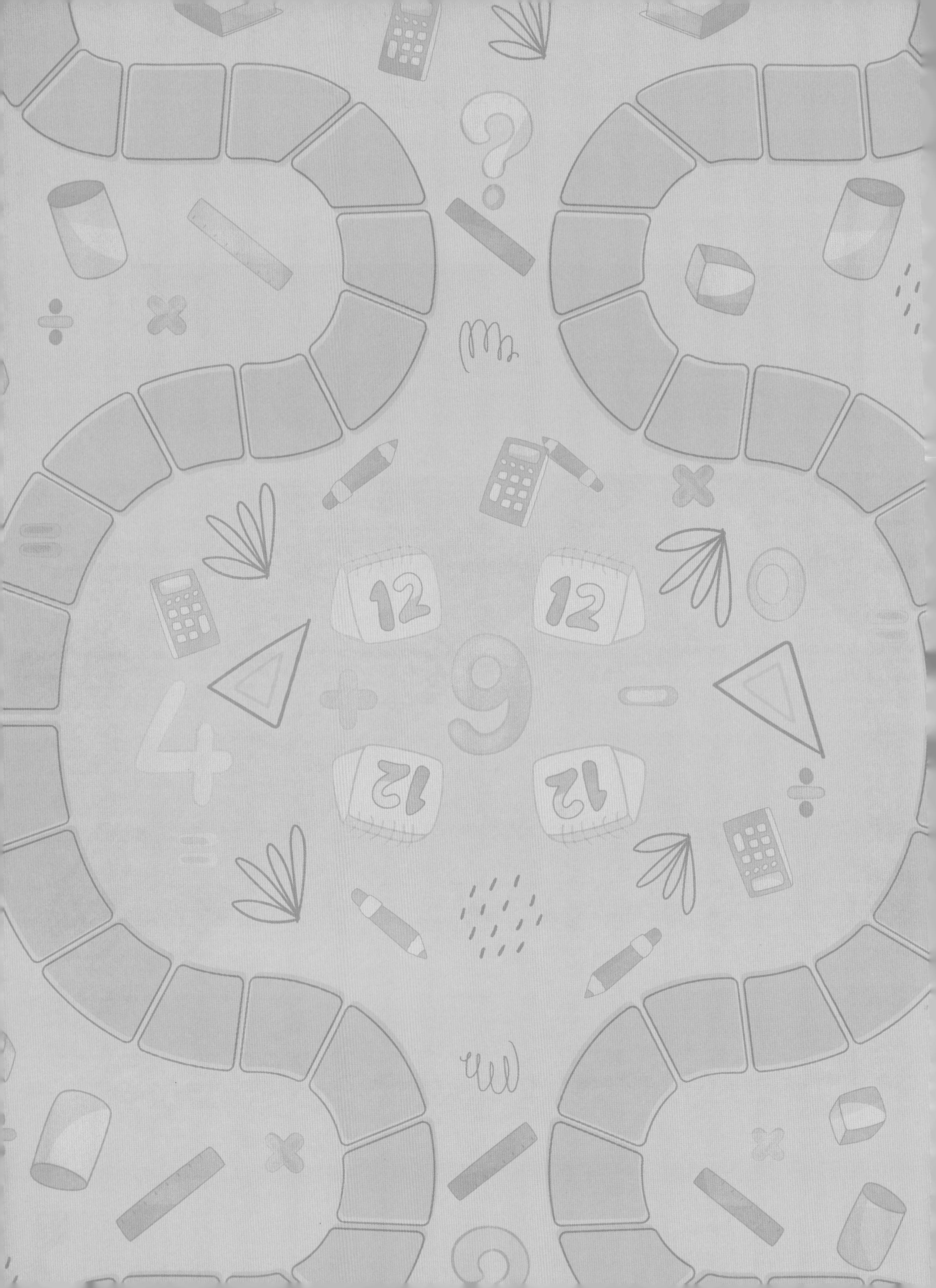

Utilize as cédulas para fazer as atividades deste livro.

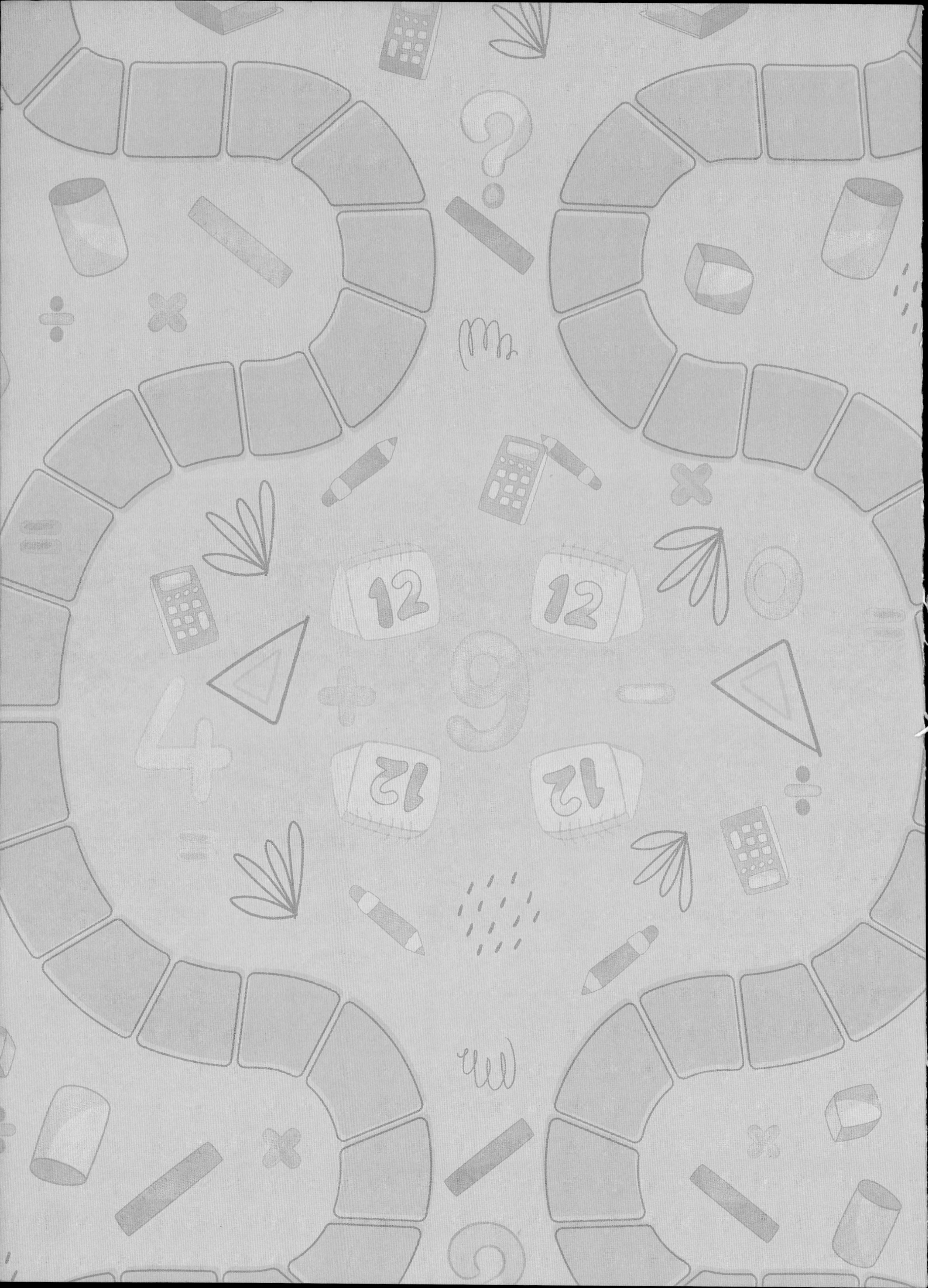

Utilize as moedas para fazer as atividades deste livro.